KBS 고전아카데미 03

우리는 무엇을 선택할 수 있는가

우리는 무엇을 선택할 수 있는가

■ 서문

고전은 먼 여정입니다. 그 여정은 아득한 귀향의 여정입니다. 하이데거는 '귀향이란 근원 가까이로 돌아감'이라고 하였습니다. 고전을 펼친다는 것은 고향, 혹은 근원을 향한 멀고 먼 우회로에 들어서는 것이며, 끝없이 두 갈래로 갈라지는 미로 속의 방황이며, 위험한 항해를 위해 오디세이의 돛을 바람 속으로 펼쳐올리는 일입니다.

고전이란 시간이 휘두르는 무자비한 부식의 힘과 망각의 습관을 이겨내고 살아남은 것입니다. 고전은 망각의 시간들을 이겨내고 시대마다 끊임없이 다시 솟아오릅니다. 고전이 오랜 세월을 견뎌내는 힘은 도대체 어디에서 나오는 것일까요? 그것은 고전이 한 시대의 표면에서 명멸하는 문제를 넘어서 무언가 삶의 심층에 있는 근원을 건드리고 있기 때문입니다.

저명한 분석심리학자 칼 융은 표층에서 드러나는 모순과 대립은 심층으로 들어갈 때 비로소 해소된다고 하였습니다. 고전과 만나는 것은 심층으로 들어가서 삶의 근원적 지평에 서는 일입니다. 그 지평에서 다시 우리 시대의 문제를 만나는 일입니다. 혼돈을 극복하고 새 시대를 연 대전환의 역사는 모두 고전이라는 근원과의 만남 속에서 일어났습니다. 그것을 "옛 것을 본받아 새로운 것을 창조한다(法古創新)", "옛 것으로 들어가 새로운 것으로 나온다(入古出新)"라고 합니다. 그래서 우리의 인문학 운동은 고전 운동입니다.

10년 동안 계속되어 온 'KBS 고전아카데미'는 고전 운동의 살아 있는 현장이었습니다. 강단의 고전 연구자들과 삼백 여명 시민들의 열정이 함께 폭발하고 충돌하고 융합하는 그 에너지를 우리는 잊지 못합니다. 이제 그 열정의 마당, 새로운 상상력과 삶을 꿈꾸는 풍성한 고전의 향연에 여러분을 초대합니다.

'KBS 고전아카데미' 기획위원회

■ 목차

07　아감벤,『호모 사케르』_ 김용규
　　— 근대정치의 아포리아: 생명권력에서 주권권력으로

43　막스 베버,『프로테스탄티즘 윤리와 자본주의 정신』_ 오인영
　　— 막스 베버가 본 자본주의적 합리성의 역설(逆說)

83　괴테,『젊은 베르터의 슬픔』_ 조현천
　　— 감성의 순교자 베르터의 삶과 죽음

113　에르네스트 르낭,『민족이란 무엇인가』_ 정희준
　　— 우리는 민족을 선택할 수 있는가

145　마르케스,『백년의 고독』_ 송병선
　　— 마술적 사실주의와 현실에 대한 이해

177　네루,『세계사 편력』_ 이광수
　　— 어떤 역사를 읽을 것인가?

아감벤, 『호모 사케르』
― 근대정치의 아포리아: 생명권력에서 주권권력으로

김용규

김용규는
고려대학교에서 문학박사 학위를 받았고, 지금은 부산대학교 영문학과 교수로 재직하고 있다. 『혼종문화론』, 『문학에서 문화로:1960년대 이후 영국 문학이론의 정치학』 등의 저서와 『비평과 객관성』, 『백색신화』, 『번역과 정체성』(공역), 『아래로부터의 포스트식민주의』 등의 역서가 있다.
diony63@pusan.ac.kr

1. 왜 아감벤인가?

지오르지오 아감벤은 일반 대중들에게는 잘 알려져 있지 않은 이탈리아 사상가이자 철학자이다. 주로 언어와 문학, 철학의 전문적 연구에 매달려온 그가 대중들에게까지 알려지기 시작한 것은 『호모 사케르』 연작과 그와 연관된 한 가지 의미 있는 사건 때문이었다. 아감벤이 말한 호모 사케르(homo sacer), 즉 "희생물로 바치는 것은 허용되지 않지만 죽일 수는 있는 존재"라는 독특한 정의가 전문가들 간의 토론의 영역을 넘어 일반대중들 사이에서 서서히 회자되기 시작했기 때문이고, 2004년 뉴욕대학에서 있을 강연과 세미나를 앞두고 지문 날인을 강요한다는 이유로 미국 초청을 거부한 사건이 널리 알려지면서부터였다. 일반 대중들은 그가 어떤 근거에서 입국을 거부하게 되었는가에 대해 궁금증을 갖게 되었지만 이 두 가지는 별개의 것이 아니며 '호모 사케르'라는 개념을 들어본 사람들에게는 그의 입국 거부가 그럴 만한 일로 여겨졌다.

사실 아감벤은 읽기가 호락호락하지 않으며 자신의 사상을 설명하는 데도 그리 친절한 사상가는 아니다. 하이데거, 벤야민 등의 영향을 받은 그의 글쓰기 방식은 매우 독창적이며 훈련된 전문가들조차 그의 사상의 전체적 면모를 파악하는 데 매우 힘들어하는 경향이 있다. 하지만 모든 사상가들이 대중에게 접근하기 위해서는 다소의 단순화와 오해의 과정을 겪어야 하듯이, 오늘날 아감벤 역시 그런 과정을 겪고 있다. 즉 데리다가 '해체'로, 알튀세르가 '이데올로기적 호명'으로, 그리고 푸코가 '권력'이라는 상징적 기호로 압축되듯이, 아감벤의 이론 또한 다양한 차원이 존재하지만 서서히 '호모 사케르'라는 개념으로 압축되어가고 있다. 이는 대중의 이해를 위해서는 불가피한 과정이지만 그 과정에서 그의 사상의 중요한 핵심이 누락되는 일 또한 무시할 수는 없을 것 같다.

하지만 여기에서 우리는 아감벤과 '호모 사케르', 그리고 그것의 맥락만을 생각해보고자 한다. 우선, 아감벤이 누구인지 간략한 소개에서부터 시작하자. 다음은 『포스트모더니즘 백과사전』이란 책에 나오는 아감벤에 관한 소개이다.

지오르지오 아감벤(Giorgio Agamben, 1942년 이탈리아 로마에서 출생/철학자, 문학이론가)
1966년과 1968년에 아감벤은 르 토르(Le Thor)에서의 두 번의 세미나에서 마르틴 하이데거와 함께 연구한 적이 있다. 아감벤은 철학활동의 초창기에 하이데거와 함께 작업을 했을 뿐만 아니라 자신의 저작 『스탠자: 서구문화의 언어와 환상(1977)』을 하이데거를 추모하는 데 헌정하기도 하였다. 그러므로 아감벤의 활동은 하이데거 철학의 철학적 맥락, 특히 언어, 현존, 존재(현존재 Dasein)의 관계에 초점을 둔 하이데거 철학을 염두에 두고 읽을 필요가 있다. 아감벤의 글과 하이데거의 글 속에 많은 의미 있는 유사성들—예를 들면, 언어의 특권화, 존재의 중심성, 시를 철학적 탐구의 매개로 이용하는 것, 고대 그리스 철학에 대한 지속적인 매혹 등—이 드러나고 있지만 아감벤의 활동은 단순히 하이데거의 독일 낭만주의 철학의 연장이라기보다는 하이데거, 고대철학, 그리고 포스트모던적인 철학적 현재를 연결하는 중요한 동시대적인 다리로 이해할 필요가 있다.

아감벤은 아리스토텔레스, 플라톤, 헤겔, 칸트와 같은 전통적 철학자들과 다양한 중세의 신학자/철학자들에 대한 정교한 설명을 제공한다. 하지만 페르디낭 드 소쉬르, 지그문트 프로이트, 발터 벤야민, 자크 데리다와 같은 동시대의 포스트모던 사상가들 또한 아감벤의 철학적·문학적 풍경 속에 등장한다. 특히 아감벤은 이탈리아판 벤야민 철학전집을 편집하기도 했다. 아감벤의 글들은 포스트모던 철학이 전통적 철학의 핵심주제들, 즉 언어, 사고, 예술에서의 재현의 문제들, 관념과 관련된 형식의 문제, 그리고 존재자, 테크네(techne), 노모스(nomos)의 사회윤리적 차원을 탐구해온 과정을 추적하는 철학적 계보학을 그리고 있다.

아감벤의 가장 중요한 공헌은 그가 어떻게 사회성에 관한 모든 논의에서 정체성의 정치에 대한 포스트모던적 강조를 윤리학의 중심으로 복귀하도록 만들었는가를 사고한 데 있다. 아감벤은 『언어와 죽음: 부정성의 장소』(1982)의 결론에서 정치학, 사회, 윤리학의 결합을 선언한다. 그는 여기서 언어는 사실상 집단적 목소리이며 언어의 어떤 계기도 윤리학에 대한 지속적 사고를 촉구하는 에토스의 선언이라 결론짓는다. 아감벤은 『도래하는 공동체』(1993)와 『산문의 이념』(1985)과 같은 최근 저작들에서 언어, 정치학, 사회, 윤리학의 상호관련성을 계속해서 탐구한다. 이런 식으로 아감벤의 글은 전통적인 철학적 주제들(예를 들면, 『시학』과 『니코마스 윤리학』에서 언어와 사회에 대한 아리스토텔레스의 논의나, 『공화국』에서 정부와 시민권에 대한 플라톤의 설명)을 계속 탐구하지만, **그의 공헌은 지식, 언어, 정치학에 대한 우리의 동시대적 이해를 인류 역사를 통해 철학자들에 의해 제기되고, 다시 파악되고, 다시 평가되어온 근본적인 사회적·윤리적 문제들과 종합하는 것이었다.**[1]

작성 시기의 문제 때문인지 '호모 사케르'에 대한 언급이 전혀 없다는 점은 아쉬움으로 남는다. 하지만 현존하는 사상가로서의 아감벤이 위치한 사상사적 위치와 그의 철학을 간략하면서도 잘 소개하고 있다. 아감벤이 사상적으로 빚지고 있는 사상가들은 한 둘이 아니다. 하이데거의 세미나에 직접 참여한 바 있고, 이탈리아판 벤야민 전집의 편집자로 참여하기도 했으며, 데리다, 들뢰즈, 네그리 등 당대의 많은 사상가들과 친분을 맺기도 했다.

문제는 아감벤에게 이런 사상적 위상이 단순히 배경으로만 머물러 있는 것이 아니라 그의 책 속에서 이 사상들과 생생하게 마주치게 된다는 점이다. 그의 글쓰기는 일종의 철학적 '모자이크'(philosophical 'mosaic')로 평가된다. 다양한 사상가들의 사상적 편린들이 아감벤의 방식으로 녹아 용해되기보다는 편린 그대로 아감벤과 나란히 공존하면서 아감벤의 사유를 풍부하게 하기도 하지만 아감벤이 말하고자 하는 취지를 파악하고자 하는 우리의 읽기과정을 방해하고 있다. 하이데거, 벤야민, 푸코 등의 오늘날 철학적 흐름에 어느 정도 익숙하지 않다면 아감벤의 글을 읽으면서 우리는 자주 좌절하거나 곳곳에 숨겨

---

[1] 빅터 E. 테일러·찰스 E. 윈퀴스트, 김용규 외 옮김, 『포스트모더니즘 백과사전』, 경성대 출판부, 2007, 21-22쪽, 강조는 인용자.

져 있는 암초처럼 다양한 사상들과 생경하게 부딪쳐야 할 것이다. 이는 내용적 차원에만 그런 것이 아니다. 형식적 차원에서도 아감벤의 글쓰기 방식은 문학, 철학, 법학, 정치학 등 다양한 학문들과 문학, 영화, 무용, 회화 등 무수한 매체들을 자유자재로 넘나들 뿐만 아니라 하이데거의 존재적 탐색, 푸코의 고고학적·계보학적 읽기, 벤야민의 정지된 변증법 등을 구사한다. 특히 그는 이런 학문분야와 다양한 매체를 횡단하면서 텍스트들을 탐색하고 발굴하는 한편 그 편린들 속에서 '철학의 형식'을 찾아내는 독특한 읽기를 전개한다. 아감벤에 따르면 "철학은 특수성도 고유한 영역도 갖지 않는다. 그것은 문학 내부에, 그리고 예술이나 과학이나 신학이나 그 무엇이든 그 내부에 존재한다. 철학은 펼쳐져야 할 능력을 포함하고 있는 것이다. 어떤 의미에서 철학은 모든 영역에 흩어져 있다. 그것은 항상 퍼져나가고 회상되고 다시 끌어 모아야 한다."[2]

그렇지만 아감벤이 정말로 우리에게 중요한 의미를 갖는 것은 이와 같은 그의 철학적 방식을 통해 우리가 살고 있는 근대 정치적 삶의 위기, 그 연장으로서의 우리 시대의 삶의 문제, 그리고 그것을 넘어서기 위한 대안 모색을 위한 새로운 시도들 때문이다. 아감벤은 우리 시대의 삶과 생명이 처한 첨예한 문제들과 그 근본 구조와 정면으로 맞선다. 특히 그에게 중요한 부분은 근대정치의 아포리아, 즉 주권권력의 역설적 구조를 파헤치는 작업이다. 삶과 생명을 배제하면서 포함하

---

[2] Alex Murrary, *Giorgio Agamben*, London: Routledge, 2010, p.7.

는, 즉 '벌거벗은' 생명(bare life)을 항상적으로 생산하는 주권권력의 예외적 구조는 우리가 생각해온 근대적 계몽의 시각이나 근대민주주의의 개념과 직접적으로 충돌한다. 인간은 야만적 미개의 상태에서 합리성과 과학적 지식이라는 이성적 상태로 발전해나간다는 근대적 계몽의 논리나, 근대국가의 탄생을 시민들의 합의와 계약에서 찾는 근대 자유주의적 정치이론으로는 오늘날 대중들에게 행사되는 주권권력의 지속적 폭력 행사를 이해할 수 없게 된다. 아감벤은 이미 고대 그리스와 로마에서부터 서구의 정치가 철저하게 생명에 대한 법적·주권적 폭력에 기반을 두고 있으며 삶을 배제하면서 포함하는 예외적 구조를 지니고 있다는 전제 위에서 우리가 처한 현재적 위기와 삶에 대한 깊은 성찰을 제공한다. 아감벤의 성찰이 더욱 빛을 발하는 것은 그런 폭력이 점점 더 일상화, 전면화되어가는 지구화 과정과, 근대민주주의가 서서히 자본에 의해 침식당하고 있는 포스트민주주의로 이행해가는 오늘날의 우리 시대의 모습과 잘 어울리기 때문이다. 어떤 의미에서 오늘날 지구화의 시대는 근대정치 내부에 존재하면서 벌거벗은 생명을 양산하던 주권권력의 예외적 작동을 근대 정치의 차원을 넘어, 전 지구적 차원으로 심화, 확장하고 있다고 할 수 있다. 넘쳐나는 이주민과 난민들의 벌거벗은 삶의 모습은 이를 증명한다.

2. 주권권력과 근대 정치의 아포리아: 『호모 사케르』의 문제의식

(1) 생명권력에서 주권권력으로

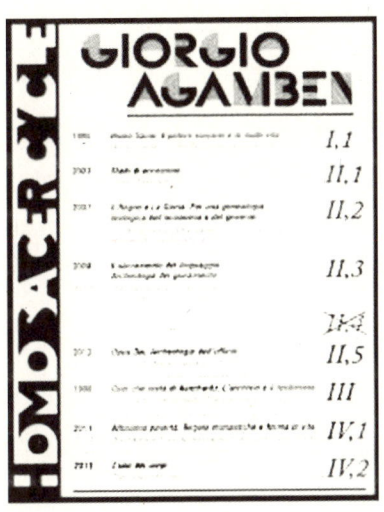

아감벤이 국제적으로 명성을 얻게 된 것은 『호모 사케르』 연작 때문이다.[3] 『호모 사케르』는 지금도 진행 중인 연작으로 구성되어 있는데, 『호모 사케르 I: 주권권력과 벌거벗은 생명』(1995), 『예외상태. 호모 사케르 II-1』(2003), 『군림과 영광: 경제신학과 통치의 계보학을 위하여. 호모 사케르 II-2』(2007), 『언어의 성사: 명세의 고고학. 호모 사케르 II-3』(2008), 『아우슈비츠의 남은 자들: 문서보관소와 증언. 호모 사케르 III』(1998) 등이 있다. 여기서는 가장 잘 알려져 있고 나머지 논의의 중요한 토대가 되는 제1권 『호모 사케르 I: 주권권력과 벌거벗은 생명』을 중심으로 이 책의 핵심적 논지와 구조를 설명하고자 한다. 이 책은 근대의 생명정치적(biopolitical) 성격을 집중적으로 살펴보되 그것의 출현을 근대에만 한정하지 않고 고대 서양의 정치적 전통과 그 문서보관소 속으로 파헤쳐 들

---

3 옆의 도표는 다음 사이트에서 가져온 것임: http://m.blog.naver.com/PostView.nhn?blogId=virilio73&logNo=220147562483&isFromSearchAddView=true

어간다. 이 책은 호모 사케르를 설명하기 위해 그리스의 폴리스 정치로 거슬러 올라가는 한편 『호모 사케르』는 미셸 푸코의 생명정치, 아렌트의 공적 삶/사적인 삶의 구분, 그리고 카를 슈미트/발터 벤야민의 예외상태를 토대로 근대정치의 아포리아를 드러낸다.

대부분 고전이라는 '문제적' 텍스트는 두 부분으로 구성된다고 할 수 있다. 그 하나가 이 텍스트가 현재 우리에게 어떤 질문을 제기하는가, 그 질문은 현재 우리가 처한 상황과 위기를 어떻게 새롭게 부각시키고 있는가, 나아가서 그 질문은 당대의 숱한 질문들과의 관련 속에서 어떤 독창성을 갖고 있는가 하는 질문의 제기라고 한다면, 다른 하나는 이 질문이 질문으로 그치지 않고 어떻게 치밀하고 끈기 있게 탐색되고 있는가 하는 구체적인 탐구의 문제이다. 즉 문제적 텍스트의 전제조건은 시대를 새로운 각도에서 조명하는 새롭고 신선한 질문의 제기와 그 질문의 끈질긴 정교화와 구체화라 할 수 있다. 『호모 사케르』는 문제적 텍스트의 이런 조건을 잘 갖추고 있는 텍스트이다.

우선 독자들이 조금 쉽게 이해하기 위해 아감벤의 문제제기와 핵심 주장을 단순화시켜 말하자면, 미셸 푸코(Michel Foucault)가 법과 주권의 정치와 단절하고 새로운 형태의 생명정치를 낳은 것이 근대 권력의 새로운 모습이라고 보았다면, 아감벤은 이를 수정하여 푸코가 생각하는 것처럼 생명의 정치와 주권의 정치 간의 구분은 명확하지 않으며 어떤 점에서 "서구 정치는 이미 그 근원에서부터 생명정치였다"라고 말하고자 한다. 아감벤은 벌거벗은 생명을 항상적으로 생산하는 근대 정치의 아포리아를 단순히 근대적인 현상으로만 보지 않고 서구 정치 전체 속으로 확장하고자 하는 것이다. 그가 서구 정치적 전통의 구분, 즉 조에(zoē, 단순히 생명을 갖고 있다는 의미에서의 생물학적 사실)와 비오스(bios, 정치적이고 자격 있는 삶)의 구분에 주목하는 이유는 바로 이런 확장에 있다. 하지만 이런 확장은 확장의 의미만 갖기보다는 서구 정치의 가장 근원적 지점, 다시 말해 서구 정치의 담론적·장치적 출현 장소를 밝히고자 한다는 의미를 갖는다. 아감벤에 따르면 서양의 정치적 전통은 애초에 두 가지 범주, 즉 조에와 비오스 간의 구분 위에 근거해왔다. 이 두 범주들의 분리와 분열 속에서 예외적 삶으로서의 '벌거벗은 생명'(bare life)이 등장한다. 벌거벗은 생명은 조에와 비오스 간의 분열이 생산한 것이다. 조에와 벌거벗은 생명은 아감벤의 책에서 서로 유사해보이고 때로는 서로 혼용되어 사용되고 있다고 하더라도 서로 다른 차원과 속성들을 갖고 있다. 사실 벌거벗은 생명은 뒤에 말하고자 하는 예외구조적 차원과 관련되어 있다. 만일 조에가 삶(생명)이고, 비오스가 자격 있고 정치적인 생명(삶)이라고 한다면, '좋은'(good) 혹은 '벌거벗은'(bare)이라는 속성을 통해 생명(삶)에 자격을 부여하려는 모든 시도도 일단 조에로부터 멀어짐이자 벗어남이다. 그런 점에서 벌거벗은 생명은 이미 정치적인 것의 영역에 존재하는 것이고, 조에를 개념화하는 순간, 즉 폴리스의 정치에 들어간다는 사실로부터 생겨난다. 벌거벗은 생명은 단순히 조에가 아니라 그 자체로 정치적인 것의 위기를 나타낸다.[4] 아감벤은 벌거벗은 생명을 서구 정치의 한계지점으로 인식한다. 이와 관련해서 볼 때, 호모 사케르란 폴리스 내부에 비오스를 박탈당한 채 조에로서의 생명만을 갖고

---

[4] Alex Murray, *Giorgio Agamben*, London: Routledge, 2010, p.61.

있는 '벌거벗은 생명'인 것이다. 앞에서 말한 '희생될 순 없지만 죽일 수 있는' 존재가 바로 이 벌거벗은 생명이다.

이런 주장은 『호모 사케르』가 무엇을 부각시키고자 하는지, 바로 그 문제의식을 드러내준다. 우선 이 책은 근대정치의 아포리아, 즉 생명을 둘러싼 생명정치와 주권정치 간의 관계를 고고학적이고 계보학적으로 파헤침으로써 현재적 삶의 위기의 근원을 파고드는 데 있다. 하지만 그 아포리아의 근원은 푸코가 생각하듯이 서구의 근대가 아니라 서구정치 자체의 근원에 있다고 할 수 있다. 『호모 사케르』의 가장 중요한 하위텍스트(sub-text)가 미셸 푸코라는 점에서 아감벤의 『호모 사케르』을 이해하기 위해서는 푸코의 생명정치를 잠시 우회할 필요가 있다. 푸코의 독창적 사유는 계몽의 어두운 이면(the darker side of enlightenment)을 드러낸 점에 있다. 근대의 진보와 이성은 인간에게 해방의 빛을 가져다주기보다는 인간을 통제하고 훈육하는 탁월한 기술체계를 제공했다는 것이다. 아감벤과 연결해서 볼 때 주목할 점은 푸코가 근대를 생명정치의 결정적 단절이 이루어지는 경계이자 문턱(threshold)로 인식한다는 점이다. 푸코는 『성의 역사I : 앎에의 의지』와 1977년 콜레주 드 프랑스에서 한 강의록인 『안전, 영토 및 인구』에서 근대가 영토국가에서 인구국가로 이행해가면서 생물학적 생명과 국민 건강이 권력의 고유한 문제로 인식되기 시작하는 과정에 주목했다. 즉 인구와 그 재생산을 통제하고 관리하는 생명정치가

---

5 푸코의 『성의 역사 1 : 앎의 의지』, 이규현 역, 나남, 2005과 『안전, 영토, 인구 : 콜레주드프랑스 강의 1977~78』, 심세광 외 역, 난장, 2011을 참조.

18~19세기에 급증했다는 것이다. 우리는 이 시기에 계급질서의 하위에 존재하던 대중들이 대대적으로 국민으로 포함되는 과정을 익히 잘 알고 있다. 즉 대중의 국민화가 대대적으로 이루어졌던 것이다. 대중의 국민화는 몇 가지 중요한 의미를 갖는다. 우선 대중은 새로 등장한 민주주의 체제 내에서 시민으로서의 자격을 획득하면서 당당히 '국민'이 되었던 것이다. 주권의 영역 밖에 존재하던 대중이 주권적 국민으로 탄생하게 된 것이다. 하지만 반대로 대중의 국민화는 대중이라는 인구와 생명에 대한 정치적 통제의 강화를 가져오게 된다. 근대의 아포리아는 시민이 주권을 획득해가면서 동시에 주권의 생명관리와 통제의 대상이 되기 시작했다는 점이다. 푸코는 17~18세기의 인구생명정치의 등장을 『성의 역사I : 앎의 의지』에서 다음과 같이 말한다.

> 구체적으로 생명에 대한 권력은 17세기부터 두 가지 주요한 형태로 전개되었는데, 그것들은 서로 상반되는 것이 아니라, 오히려 매개관계들의 다발 전체에 의해 연결되는 전개의 두 가지 극이다. 먼저 형성된 듯한 극의 중심은 기계로서의 육체였다. 즉 육체의 조련, 육체적 적성의 최대화, 체력의 강탈, 육체의 유용성과 순응성의 동시적 증대, 효과적이고 경제적인 통제체제로의 육체 통합, 이 모든 것은 '규율'을 특징짓는 권력절차, 즉 '인체의 해부-정치'에 의해 보장되었다. 다소 늦게 18세기 중엽에 형성된 두 번째 극의 중심은 종(種)으로서의 육체, 생명체의 역학에 의해 검토되고 생물학적 과정에 대해 매체의 구실을 하는 육체이다. 즉 증식, 출생률과 사망률, 건강 수준, 수명, 장수와 더불어 그것을 변화시킬 수 있는 조건이다. 그것들을 떠맡는 것은 일련의 개입과 '조절하는 통제' 전체, 즉 '인구의 생체-정치'(biopolitics of population)이다. 생명에 대한 권력의 조직화는 육체의 규율과 인구조절이라는 두 가지 극을

중심으로 전개되었다. […] 최고 권력을 상징하던 죽음의 오랜 지배력은 이제 은밀하게 육체의 경영과 생명의 타산적 관리에 포함된다. 다양한 규율, 가령 초등학교, 중등학교, 병영, 일터가 고전주의 시대에 급속하게 발전한 현상, 또한 정치적 실천과 경제적 관측의 영역에서 출생률, 수명, 공중보건, 주거, 이주의 문제가 대두된 현상, 따라서 육체의 제압과 인구의 통제를 획득하기 위한 다수의 다양한 기법이 폭발적으로 증가한 현상. 이러한 현상들을 통해 '생체-권력'의 시대가 열린 것이다. 생체-권력이 전개되는 두 가지 방향은 18세기에도 여전히 명확하게 분리된 것으로 보인다. 규율의 측면에서 생체-권력은 군대나 학교 같은 제도이고, 전술에 관한, 수련에 관한, 교육에 관한, 사회의 질서에 관한 성찰이며, […] 인구 조절의 측면에서 생체-권력은 인구통계학적이고, 자원과 주민 사이의 관계에 대한 추정, 부와 부의 유통, 생명과 예견할 수 있는 수명의 도표화이다.[6]

이는 근대 생명정치에 대한 푸코의 탁월한 인식이다. 푸코는 권력의 변화에 대한 미시정치적 읽기를 통해 근대정치가 바로 인구의 관리와 통제에 근거한 생명정치임을 탁월하게 읽어낸다. 특히 그는 이런 생명권력과 정치가 자본주의의 경제적 발전을 이해하는 필수적인 단서가 된다고 주장한다. "자본주의의 발전은 […] 육체가 통제되어 생산체제로 편입되는 것을 대가로 치름으로써만 보장될 수 있기" 때문이다.[7] 생명정치는 자본주의에 육체의 훈육과 생명의 관리를 위한 권력의 기술체계를 제공해주었던 것이다.

---

6 미셸 푸코, 이규현 역, 『성의 역사1 : 앎의 의지』, 나남, 2010, 55-57쪽.
7 미셸 푸코, 같은 책, 157-58쪽.

푸코는 생명정치적 현상을 법과 근대적 주권의 차원에서 볼 때 간과되기 십상이라고 본다. 그렇기 때문에 그는 권력을 주권과 법의 지배로부터 인구의 통제와 관리라는 생명정치의 미시적 영역으로 이동시킴으로써 권력이 미시적으로 작동하는 근대의 메커니즘, 즉 근대권력의 미시 물리학을 파헤칠 수 있었다. 즉 푸코는 권력의 기능을 국가와 법의 영역에서 생명정치의 영역으로 옮김으로써 근대정치와 계몽의 어두운 이면을 새롭게 조명할 수 있었던 것이다. 하지만 아감벤이 볼 때, 푸코는 －『성의 역사Ⅰ: 앎의 의지』에서 생명정치에 대한 국가의 관리와 통제에 대한 단초적인 언급을 제기하고 있음에도 불구하고 － 생명정치가 어떤 방향으로 나아갈지를 채 규명하기 전에 죽음을 맞이함으로써 그의 작업은 미지수로 남을 수밖에 없게 되었다.

이 미지수의 문제를 이어받아 그것을 새롭게 해명하고 탐색하는 작업을 시도하고 있는 것이『호모 사케르』의 핵심적 시도이다.『호모 사케르』의 독창성은 여러 가지 차원에서 제기될 수 있지만 그것의 가장 중요한 독창성 중의 하나는 이 책이 푸코의 생명정치를 계승하면서도 그것의 한계점을 뛰어넘는 다른 시각을 제공하고자 한다는 데 있다. 바로 이 다른 지점 위에서 아감벤은 푸코와는 다른 근대정치에 대한 그림을 그리고자 한다. 우선 아감벤은 푸코의 주장을 십분 인정한다. 그는 생명정치에 의지하지 않고서는 근대정치의 기반을 제대로 해명할 수 없음을 강조한다. "우리 세기가 역사적으로 해명할 것을 요구하고 있으며 여전히 지금도 현실적인 과제로 남아 있는 '수수께끼'는 그것이 탄생한 기반, 즉 생명정치라는 지평 위에서만 풀릴 수 있을 것이다."[8] 하지만 그러기 위해서는 푸코에 대한 보완 내지 새로운 수정이

요구된다. 푸코는 권력의 새로운 개념을 형성하기 위해, 특히 생명정치를 새롭게 조명하기 위해 근대국가와 법의 영역을 피하거나 비판해왔기 때문이다. 푸코는 권력 개념을 사유하기 위해 권력의 법적 · 제도적 모델을 비판한 바 있다. 푸코의 미시적이고 생산적인 권력 개념은 권력을 소유로 보는 부르주아적 자유주의의 사법적 모델과, 권력을 국가권력과 동일시하는 마르크스주의적 총체화의 모델을 비판하기 위한 것이었다. 그의 생명정치와 생명권력 개념은 이런 소유와 실체로서의 권력 개념을 비판하면서 권력을 힘/역능의 전략적 수행의 개념으로 옮겨놓은 작업이었다.

하지만 아감벤은 푸코의 권력에 대한 비판적 인식을 충분히 수긍하면서도 거기에는 주권 권력에 대한 성급한 인식이 존재하며 제대로 사유되지 않은 차원이 있다고 본다. 아감벤의 주장을 조금 더 따라가 보자. 그에 따르면 푸코는 말년에 두 가지 서로 다른 방향의 연구를 지향하고 있었다. 하나가 앞서 말한 대로 국가가 개개인의 신체적 생명을 통제하고 관리하는 임무를 떠맡고, 개개인들을 국가 내로 통합시키는 기술적 수단들에 대한 연구(생명정치로서의 전체화 과정)라고 한다면, 다른 하나는 각 개인을 자신에 고유한 정체성과 고유한 의식에 결박시켜주는 동시에 외부의 통제권력에 순종하도록 만드는 주체화 과정에 대한 연구(자아의 테크놀로지 연구로서 개인화 과정)인 것이다. 아감벤이 볼 때, 푸코는 두 가지 방향을 제대로 통합하지 못한 채 불분명하게 남겨놓고 죽었다. 하지만 아감벤은 이 지점에 푸코의 이론적

---

8 조르주 아감벤, 박진우 역, 『호모 사케르: 주권 권력과 벌거벗은 생명』, 새물결, 2008, 39쪽.

맹점이 있음을 강조한다.

푸코가 권력 문제에 전적으로 법률적인 모델("무엇이 권력을 정당화하는가?")이나 제도적 모델("국가란 무엇인가?")에 기반해 전통적 방식으로 접근하는 것을 거부한다면, 또는 더 이상 법을 모델과 코드로 삼아 권력을 분석하지 않기 위해서는 [법과] "주권에 대한 이론적 특권에서 해방되어야" 한다고 제안하고 있다면, **과연 권력체의 어디에서 개인화의 기술과 전체화 과정들이 만나는 비식별역(아니면 적어도 교차점)이 놓여 있을 것인가?** 또 보다 일반적으로 말해 정치적인 '이중구속'[푸코는 "개인화, 그리고 이와 동시에 진행된 근대 권력 구조들의 전체화로 이루어진 정치적인 이중 구속"이라 말한다]이 존재이유를 찾을 수 있는 그런 통일적인 중심이 존재할까?[9]

아감벤은 푸코에게 분리되어 있지만 근대정치 속에서 분리될 수 없는, 즉 개인화와 전체화의 구분이 불가능한 비식별의 영역을 파헤칠 열쇠로서 다시 '주권 권력'에 주목하고자 한다. 여기서 아감벤의 독창적 사유가 드러나는데, 그것은 푸코의 생명정치를 이어받으면서도 동시에 푸코가 탐구를 포기했던 주권 권력의 개념을 새롭게 조명하고 전유하고자 하는 것이다. 아감벤은 자신의 질문을 본격적으로 구성한다.

이 연구[『호모 사케르』]는 이처럼 권력에 대한 법·제도적 모델과 생명정치적 모델 사이의 숨겨진 교차점을 주제로 하고 있다. 이 연구가 도달 가능한 결론들 중의 하나로 반드시 확인해야 할 것은 바로 이 두 가

---

[9] 조르주 아감벤, 같은 책, 2008, 39쪽.

지 분석은 분리될 수 없으며, 그리고 벌거벗은 생명을 정치 영역에 포섭하는 것이야말로—비록 은폐되어 있지만—주권 권력 본래의 핵심을 이루고 있다는 것이다. 심지어 생명정치적 신체를 생산하는 것이 바로 주권 권력 본래의 활동이라고 말할 수 있다. 이런 의미에서 생명정치란 적어도 주권적 예외만큼이나 유구한 것이다. 근대 국가는 생물학적 생명을 자신의 계산의 중심에 놓음으로써 다름 아니라 권력과 벌거벗은 생명의 결합이라는 비밀스러운 관계를 드러내고 있으며, 그런 식으로 (근대적인 것과 고대적인 것이 그토록 끈질기게 조응하듯이) 근대 권력과 태고의 통치비법들 간의 결속 관계를 다시 한 번 확인하고 있을 뿐이다.[10]

드디어 아감벤은 생명정치를 다시 주권권력으로 이동시키고 있다. 하지만 이는 푸코가 극복하려고 했던 법적·주권적 권력의 모델로의 복귀와는 전혀 다른 것이다. 그것은 '생명정치' 이후의 주권 권력, 즉 주권 권력과 생명권력과의 통합으로서의 '생명정치적 주권권력'인 것이다.[11] 하지만 아감벤이 "푸코의 테제는 수정되거나 적어도 보완되어야 할 것이다"[12]라고 말하지만 아감벤의 주권권력으로의 이동은 푸코에 대한 단순한 보완이나 수정에 머물지 않는다. 그것은 푸코에 대한 결정적 정정처럼 보인다. 왜냐하면 아감벤은 푸코의 '근대적' 생명정치를 근대의 문턱을 넘어 서구 정치 전체로 확장하는 것이 될 수 있기

---

10 조르주 아감벤, 같은 책, 42쪽.

11 이에 관한 자세한 설명은 양창렬, 「생명권력인가 생명정치적 주권권력인가—푸코와 아감벤」, 『문학과 사회』(2006년 가을)을 참조할 것.

12 조르주 아감벤, 같은 책, 46쪽.

때문이다. 나중에 지적하겠지만 이는 근대정치의 새로움에 대한 푸코의 독창적 인식에 대한 희석이라는 비판을 받을 수도 있다. 어쨌든 우리가 주권 권력에 주목할 경우, 생명정치의 새로움은 근대에 고유한 현상이라고만 할 수 없게 된다. 아감벤이 조에와 비오스 간의 구분에 주목하고자 한 것은 서구 정치의 근원에 이미 조에를 배제하면서 포함하는 '예외적' 구조로서의 생명정치가 작동하고 있다고 인식하기 때문이다. 아감벤은 그리스 정치에서 두 가지 형태의 삶(생명)이 존재했다고 말한다. "모든 생명체(동물, 인간 혹은 신)에 공통된 것으로, 살아 있음이라는 단순한 사실"을 가리키는 조에와 "어떤 개인이나 집단에 특유한 삶의 형태나 방식"을 가리키는 비오스가 그것이다. 이 두 가지 삶(생명)은 단순히 산다는 것과 정치적으로 가치 있는 삶의 구분에 상응한다. 즉 "생겨나기는 삶을 위해서이지만 존재하기는 가치 있는 삶을 위해서이다."[13] 폴리스는 이 두 가지 삶의 구분에 근거하면서 두 가지 삶을 독특한 방식으로 결합하고 있다. 아감벤이 이렇게 지적하는 이유는 서양 정치의 근원, 즉 생명정치를 서양 정치의 근원에서 읽어내기 위해서이다. 단순한 삶과 가치 있는 삶 간의 대립은 단순히 구분에 머무는 것이 아니라 후자 속에 전자가 포함된다는 것, 그러니까 정치적으로 가치 있는 삶 속에 벌거벗은 생명이 포함되어 있다는 것을 보여주고자 한다. 여기서 아감벤은 보다 근원적인 질문을 던진다. "왜 서양의 정치는 무엇보다 먼저 벌거벗은 생명의 배제(배제는 동시에 포함이기도 하다)에 기반해 있는지를 질문하는 것이 필요하다. 생명이

---

13 조르주 아감벤, 같은 책, 42쪽.

배제를 통해서 포섭되어야 하는 것이 분명하다면, 도대체 정치와 생명은 어떤 관계를 갖고 있단 말인가?"[14] 이 관계가 바로 폴리스 내부에서 조에의 '포함인 배제'(exclusione inclusiva)[즉 예외화(ex-ceptio)]의 관계이다. 바로 여기에서 아감벤은 서양 정치의 근본적 범주쌍을 읽어낸다. 그것은 "동지-적이 아니라 벌거벗은 생명-정치적 존재, 조에-비오스, 배제-포함이라는 범주쌍이다."[15]

아감벤에게 근대정치가 갖는 독특한 점은 푸코의 주장처럼 생명정치의 등장이 아니다. 생명정치는 이미 서구 정치의 근원적 장소에서 출현했기 때문이다. 오히려 근대정치가 갖는 의미는 생명정치의 확립이 아니라 주권권력과 생명정치가 뒤섞인 비식별지대에서 만들어내는 그런 예외상태를 **실제적으로 확립했다**는 사실이다.

> 근대정치를 특징짓는 것은 폴리스에 조에를 포함시키는 것—이것 자체는 아주 오래된 것이다—도, 또한 그러한 생명 자체가 국가 권력의 계산과 예측의 남다른 대상이 되었다는 단순한 사실도 아니다. 오히려 결정적인 것은 모든 곳에서 예외가 규칙이 되는 과정과 더불어, 원래 법질서의 주변부에 위치해 있던 벌거벗은 생명의 공간이 서서히 정치 공간과 일치하기 시작하며, 이런 식으로 배제와 포함, 외부와 내부, 비오스와 조에, 법과 사실이 무엇으로도 환원되지 않는 비식별역으로 빠져드는 것이라고 할 수 있다. 예외상태는 벌거벗은 생명을 법적·정치적 질서로부터 배제하는 동시에 포섭하면서 바로 그것이 분리되어 있는 상태 속에서 정치 체제 전체가 의존하고 있는 숨겨진 토대를 **실제적으로**

---

14 조르주 아감벤, 같은 책, 43쪽.
15 조르주 아감벤, 같은 책, 45쪽.

수립했다. 예외상태의 경계들이 흐려지기 시작하면서 그러한 경계 안에 머물러 있던 벌거벗은 생명은 도시[국가]에서 해방되어 정치 질서를 둘러싼 갈등들의 주체이자 대상, 즉 국가권력이 조직되는 동시에 그것으로부터의 해방이 이루어지는 유일한 장소가 된다. **국가권력이 생명체로서의 인간을 자신의 고유한 종적(種的) 대상으로 승격시킨 규율화과정은 생명체로서의 인간이 더 이상 정치권력의 대상이 아니라 주체로 자신을 드러내는 과정, 즉 근대민주주의의 탄생이라는 또 다른 과정과 대체로 일치하는 것 같다.**[16]

인간이 생명정치의 대상이 되는 것과 그가 근대민주주의의 주체로 등장하는 것이 대립적이고 적대적인 듯이 보이지만 "시민의 벌거벗은 생명, 즉 인간이라는 새로운 생명정치적 신체를 문제 삼고 있다는 점"[17]에서 동전의 양면이라는 주장은 충격적으로 다가온다. 물론 근대 민주주의는 그 내부에 벌거벗은 생명을 예외화하는 구조를 갖고 있다는 아감벤의 주장은 많은 논란을 야기한다. 그의 주장이 서구의 정치와 그 근대적 정치형태를 비판의 타킷으로 삼고 있다는 것은 수긍이 가지만 서구 정치를 주권권력이라는 이름하에 모두 동질화하는 것은 아닌가 하는 우려를 낳고 있는 것이다. 특히 그의 주장이 푸코가 인식한 근대정치의 새로움을 희석시키고 그것을 서구 정치 전체와 동일시하는 것은 개념적이고 논리적 비약이라는 비판도 있다. 하지만 생명정치를 실제적으로 확립한 근대민주주의가 서구정치 그 자체와 내밀

---

[16] 조르주 아감벤, 같은 책, 47쪽.
[17] 조르주 아감벤, 같은 책, 47쪽.

하게 연결되어 있다는 인식이나, 근대 민주주의와 전체주의가 예외를 생산하는 구조를 공유하고 있다는 아감벤의 통찰은 새겨들을 필요가 있다. 아감벤은 민주주의와 전체주의 간에 존재했던 역사적 차이와 이론적 경쟁의 역사를 도외시해서는 안 되겠지만 그렇다고 "민주주의가 전체주의와 내적으로 결탁하고 있다는 테제"[18]를 역사철학적 차원에서 확고하게 유지해야 한다고 주장한다.

(2) 『호모사케르』의 구조: 주권의 논리—호모 사케르—수용소

『호모 사케르』는 (1) 주권의 논리, (2) 호모 사케르, (3) 근대 생명정치의 패러다임으로서의 수용소라는 세 개의 장으로 구성되어 있다. 제1장이 주권권력의 예외적 구조(주권권력)에 대한 탐색이라면, 제2장은 주권권력의 대상/주체, 즉 생명정치의 대상으로서의 근대적 주체(주체)의 존재적 문제를 다루고 있다. 마지막 제3장에서는 주권권력의 예외적 작동이 극한적으로 작동하는 대표적 공간으로서의 수용소(제도)가 다뤄지고 있다. 이는 주권(권력)-주체(생명)-공간(제도)이라는 체계를 갖고 있다. 이 권력-생명-제도의 세 개의 구조를 통해 드러나는 것은 '벌거벗은 생명'의 다양한 양상들이며 그것들은 모두 예외상태라는 구조를 공유한다.

자세한 내용 소개에 앞서 아감벤을 푸코와 비교하여 서술한다면, 아감벤의 이론을 보다 분명히 부각시키는 장점이 있을 것이다.

---

[18] 조르주 아감벤, 같은 책, 49쪽.

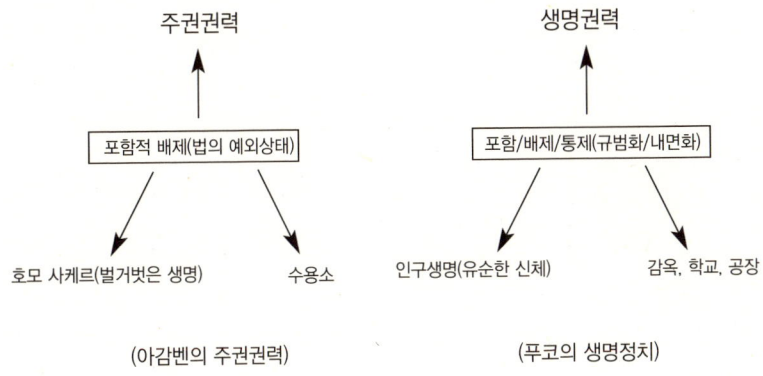

이와 같은 비교는 아감벤의 주권권력이 푸코의 생명정치의 연장이면서도 다른 구조를 갖고 있음을 보여준다. 아감벤의 주권권력/호모 사케르/수용소의 장치는 푸코의 생명권력/유순한 신체/감옥의 장치와 다를 뿐만 아니라 그 작동 원리에서도 차이를 보인다. 푸코의 생명정치가 '규범과 훈육의 내면화'를 통해 유순한 신체를 생산하는 것을 목적으로 한다면, 아감벤의 주권권력은 '포함적 배제(예외화)'의 작동을 통해 벌거벗은 생명들을 양산한다. 특히 푸코가 생명정치의 가장 대표적 제도적 공간을 감옥(학교)을 예로 들고 있다면, 아감벤은 벌거벗은 생명을 생산하는 주권권력의 공간으로 수용소라는 제도에 주목한다. 이런 차이는 아감벤의 사유가 갖는 독특한 지점을 드러내준다. 그의 주권권력, 호모 사케르, 수용소라는 장치는 벌거벗은 생명, 즉 호모사케르를 생산하는 제도적 결합체이다. 세 개의 장을 짧게 설명하면 다음과 같다.

주권의 논리

제12장 「주권의 논리」에서 아감벤은 벌거벗은 생명을 설명하기 위해 주권적 예외(sovereign exception)를 깊이 있게 탐구한다. 여기서

아감벤은 독일 법학자이자 정치이론가인 카를 슈미트(Carl Schmitt, 1888~1985)의 영향을 많이 받는다. 슈미트는 '정치에서 예외가 사실상 규칙'이라고 선언한 바 있다. 그는 "주권자는 법질서의 외부와 내부에 동시에 존재한다"는 주권의 역설을 표명했다. 그에 의하면 주권자가 법질서의 예외상태를 선포하고, 어떤 형태로든 법의 효력을 정지시킬 수 있는 권한을 부여한 사람이라면 그는 "일반적으로 타당한 법질서 외부에 있으며, 그럼에도 그러한 질서에 속해 있다. 왜냐하면 헌정을 '전면' 중단시켜야 할 것인지 결정할 권한은 그에게 있기 때문이다."[19] 이와 같은 주권자의 역설적 위치는 예외상태가 법질서의 근간임을 드러내준다. 슈미트는 "예외적 사태가 국가 권위의 본질을 가장 명확하게 드러낸다"고 말하면서 "예외는 정상적인 상태보다 더 흥미롭다. 정상적인 상태는 아무것도 증명하지 못하지만 예외는 모든 것을 증명한다. 또한 예외는 단순히 규칙을 보장하는 것만이 아니어서, 규칙은 실상 예외를 통해서만 생존한다"[20]고 말한다. 아감벤은 슈미트를 통해 '주권적 예외'를 정식화한다. 아감벤은 예외가 정치적 영역으로부터의 완전한 배

---

19 칼 슈미트, 김항 역, 『정치신학: 주권론에 관한 네 개의 장』, 그린비, 2010, 18쪽.
20 조르주 아감벤, 같은 책, 57쪽.

제가 아니라 라틴어 ex-capere가 의미하듯이 '끄집어 내어진(밖에서 포획된)'이라는 의미임을 강조한다. 즉 예외는 완전히 밖으로 배제되는 것이 아니라 포함된 채 배제되는 것이라는 것이다. 다시 말해, 위 그림에서 볼 수 있듯이, 예외란 밖으로 배제되어 있는 것이 아니라 안으로(포함적으로) 배제되어 있는 것이다.

예외란 일종의 배제이다. 그것은 일반적인 규범에서 배제된 개별 사례이다. 하지만 예외의 가장 고유한 특징은 배제된 것은 바로 배제되었다는 사실 때문에 규칙과 완전히 무관해지지 않으며, 반대로 규칙의 정지라는 형태로 규칙과의 관계를 유지한다는 점이다. 규칙은 더 이상 적용되지 않고 예외로부터 철수하는 가운데 예외에 적용된다. 따라서 예외상태란 질서 이전의 혼돈이 아니라 단지 질서의 정지에서 비롯된 상황일 뿐이다. 이러한 의미에서 예외란 진정 어원대로 '끄집어 내어진(밖에서 포획된)이라는 의미이지 단순히 배제됨을 의미하지는 않는다.[21]

주권의 구조를 규정하는 예외는 이보다 훨씬 더 복잡하다. 여기서 외부에 있는 것은 단지 금지나 억류를 통해 포함되는 것이 아니라 법질서의 효력을 정지시킴으로써, 그러니까 법질서가 예외로부터 물러나고 예외를 내버리도록 함으로써 포함된다. 예외가 규칙에서 벗어나는 것이 아니라 오히려 규칙이 스스로의 효력을 정지시킴으로써 예외를 창출한다. 즉 예외와의 관계를 유지함으로써만 비로소 자신을 규칙으로 만들 수 있는 것이다. 법 특유의 효력이란 바로 이런 외부와의 관계를 유지할 수 있는 이러한 능력에서 비롯된다. 무언가를 배제시킴으로써만 그것은 포

---

21 조르주 아감벤, 같은 책, 60쪽.

함하는 이러한 극단적 형태의 관계를 **예외관계**라고 부르도록 하자.[22]

예외와 규칙의 비식별적 관계 속에서 주권적 예외가 갖는 독특한 위상학적 구조, 즉 포함적 배제의 논리가 생겨난다. 이런 논리적 구조가 가장 잘 드러나는 것은 히틀러의 제3제국의 예외상황이나 9.11 테러 이후의 조지 W. 부시의 비상상황 선포에서 엿볼 수 있다. 이 두 가지 예외상황에서 국가의 안전이란 법의 수호가 아니라 법의 정상적 작동을 중지시킴으로써 가능해진다. 즉 국가의 정상적 운영을 위해 사법적 질서의 중지가 필요한 것이다. 그러므로 중요한 것은 예외상황에서 법을 수호하기 위해 법의 규칙이 중지된다는 점이다. 바로 이 상황에서 법의 규칙 외부에 존재하는 것(주권적 권력)이 법의 규칙 내부로 들어오지만 그럼에도 불구하고 여전히 법의 외부에 머문다는 포함적 배제의 논리가 창출된다. 예외에 대한 주권자의 결정이 이루어지는 이 논리 속에서 외부와 내부, 생명과 법의 구분은 불가능하게 된다. 예외상태 속에서 "생명은 궁극적으로는 자신의 포함된 배제를 전제함으로써만, 즉 예외화(exceptio)로서만 법의 영역에 들어설 수 있다. 생명의 한계-형상, 즉 생명이 법질서의 내부와 외부에 동시에 자리하는 일종의 비식별역이 존재하며, 그것이 바로 주권의 장이다."[23] 이 장에서 아감벤은 주권권력의 예외구조를 제1차 세계대전, 제3제국, 동시대의 정치상황 속에서 인식하는 한편, 그것을 훨씬 더 장구한 역사 속에서, 가

---

22 칼 슈미트, 김항 역, 『정치신학: 주권론에 관한 네 개의 장』, 그린비, 2010, 18쪽.
23 조르주 아감벤, 같은 책, 57쪽.

령 고대 그리스 서정시인인 핀다로스에게서도 찾아 읽는다. 근대역사 속에서 생명정치를 보려고 했던 푸코와 달리, 아감벤은 주권적 예외가 근대를 넘어선 많은 결정적 순간에 작동하고 있음에 주목하는 것이다.

호모 사케르

주권권력과 생명정치가 뒤얽힌 바로 이 예외상태에서 주권자의 대립쌍으로 존재하는 것이 바로 호모 사케르이다. 이들은 근대정치뿐만 아니라 서구정치의 예외구조 속에서 항상 생산되는 벌거벗은 생명들이다. 우리가 모두 호모 사케르는 아닐지 모르지만(현실적 차원) 우리 모두가 호모 사케르가 될 수 있다는(잠재적 차원) 아감벤의 지적은 바로 이 주권권력의 예외상태 속에 사는 존재의 필연적 운명임을 강조하는 것이다. 아감벤은 호모 사케르는 어떤 존재인가를 고고학적, 계보학적으로 서구 정치의 근원적 고문서 속에서 찾아내는 작업에 몰두한다. 이는 그가 푸코의 계승자임을 잘 보여준다.

한데 호모 사케르란 사람들이 범죄자로 판정한 자를 말한다. **그를 희생물로 바치는 것은 허용되지 않지만 그를 죽이더라도 살인죄로 처벌 받지 않는다.** 사실 최초의 호민관법은 "만약 누군가 평민 의결을 통해 신성한 자로 공표된 사람을 죽여도 이는 살인이 되지 않는다"는 점을 명기하고 있다. 이로부터 나쁘거나 불량한자를 신성한 자라 부르는 풍습이 유래한다.[24]

---

24 페스투스, 『말의 의미에 대해』의 '성산(聖山)'이라는 항목. 조르주 아감벤, 같은 책, 155쪽에서 재인용.

사케르란 건드렸을 경우 자신이나 남을 오염시키는 그런 사람 혹은 사물을 가리킨다. 여기서 '신성한' 또는 (대략 유사하게는) '저주받은'이라는 이중적 의미가 유래한다. 사람들이 지하세계의 신들에게 바친 죄인은 성스럽다(성스러울지어다 sacer esto 그리스어 hagios를 참조하라).[25]

여기서 아감벤은 호모 사케르라는 형상에 대한 고고학적 발굴을 통해 '벌거벗은 생명'의 계보학을 쓰고 있다. 호모 사케르가 "희생물로 바치는 것은 허용되지 않지만 그를 죽이더라도 살인죄로 처벌 받지 않는" 존재라는 말에는 '면책 살해의 가능성'과 '희생으로부터의 배제'라는 이중적 함의가 내포되어 있다. 즉 호모 사케르는 신의 법과 인간의 법 모두의 외부에 존재하는 것이다. "그를 희생물로 바칠 수 없다"는 것은 호모 사케르의 살인을 제의적 정화로부터 구별지어주고, 신성화를 엄밀한 의미에서의 종교적 영역으로부터 분리해서 사고할 필요성을 제기한다. 하지만 그의 외부는 곧 내부이기도 하다. 주권자의 예외적 위상과 마찬가지로 호모 사케르도 예외상태에 존재하는 자이다.

신성화란 인간의 법과 신의 법, 그리고 종교적인 것의 영역과 세속적인 것의 영역 모두로부터 이중적인 예외의 형태를 취하게 될 것이다. 이러한 이중적 예외가 그리는 위상학적 구조는 이중적 배제의 구조이자 이중적 포획의 구조로서, 주권적 예외의 구조와는 단순한 유사성의 차원을 넘어서는 유사성을 갖고 있다. 법은 주권적 예외상태에서 더 이상 자신을 적용시키지 않고 그것으로부터 물러남으로써 예외 상태에 적용되

---

25 에르누와 메예, 『라틴어 어원사전』, 조르주 아감벤, 같은 책, 168쪽에서 재인용.

듯이, 호모 사케르 역시 희생물로 바칠 수 없음의 형태로 신에게 바쳐지며 또한 죽여도 괜찮다는 형태로 공동체에 포함된다. **희생물로 바칠 수도 없지만 죽여도 되는 생명이 바로 신성한 생명이다.**[26]

여기서 아감벤은 주권의 구조와 신성화의 구조 간의 결합 가능성을 제기한다. 호모 사케르의 형상은 주권자와 매우 유사한 구조적 위상을 공유한다. 즉 그것은 이중적 배제, 즉 희생과 살인의 비식별적 영역에 속한다. 하지만 아감벤은 이런 구조적 유사성을 넘어 "호모 사케르가 주권자의 추방령에 포섭된 생명의 근원적 형상을 보여주며 또한 정치적 차원이 최초로 구성된 기반에 해당하는 근원적인 배제에 대한 기억을 보존하고 있다는 가설"[27]을 제기한다. 이 가설에 근거할 때 주권의 정치적 공간은 신성한 것과 세속적인 것이 구분 불가능한, 즉 희생제의와 살인 사이의 비식별적 영역을 통해 구축된다.

주권의 영역은 살인죄를 저지르지 않고도 또 희생제의를 성대히 치르지 않고도 살해가 가능한 영역이며, 신성한 생명 즉 살해할 수 있지만 희생물로 바칠 수 없는 생명이란 바로 이러한 영역에 포섭되어 있는 생명을 말한다. [⋯] 주권적 추방령에 포획되어 있는 것은 살해당할 수 있지만 희생물로 바칠 수는 없는 인간의 생명, 즉 호모 사케르이다. 만약 우리가 주권자의 권력의 최초의 내용물에 해당하는 이러한 생명을 벌거벗은 생명 혹은 신성한 생명이라 부른다면, [⋯] 신성한 생명, 즉 살해할 수 있으나 희생물로 바칠 수 없는 생명이란 근본적으로 주권적 추

---

26 조르주 아감벤, 같은 책, 175쪽.
27 조르주 아감벤, 같은 책, 176쪽.

방령하의 생명이며, 또 이런 의미에서 벌거벗은 생명의 창출은 곧 주권의 근원적인 활동이다. 오늘날 생명의 신성함은 주권권력과 대립되는 절대적인 기본 인권으로 주장되고 있지만, 원래 그것은 생명을 죽음의 권력에 종속시키고 내버려짐의 관계 속에 결정적으로 노출시킨다는 정반대의 의미를 갖고 있었다.[28]

주권적 예외와 신성화 사이의 구조적 유사성을 넘어 결합의 관계가 드러난다. 호모 사케르는 주권자와 쌍을 이루는 존재이며 법질서의 양극단에 위치한 두 가지 대칭적인 형상들로서, 동일한 구조를 갖고 있으며 서로 결합되어 있는 것이다. "여기서 모든 사람을 잠재적인 호모 사케르들로 간주하는 자가 바로 주권자이며, 또 그를 행해 모든 사람이 주권자로 행세하는 자가 바로 호모 사케르이다"(179).

집단수용소

이제까지 간략하지만 주권적 예외와 호모 사케르의 근원적인 구조적 유사성을 살펴보았다면, 이제 우리는 아감벤이 이런 계보학적 사유를 통해 무엇을 보여주고자 했는가를 질문할 필요가 있다. 앞서도 지적했듯이 서양 정치의 근원적 지점을 파헤침으로써 20세기 서양의 정치가 처한 아포리아와 딜레마를 해명하고자 했기 때문이다. 즉 우리는 주권적 예외와 호모 사케르를 통해 근대적 생명정치의 아포리아를 추적하게 된다. 이런 아포리아가 여과 없이 드러나는 극한적 공간이 바

---

[28] 조르주 아감벤, 같은 책, 177쪽.

로 수용소이다. 아감벤은 이 공간을 통해 서구적 주권정치가 벌거벗은 생명의 생산과 연결되어 있다는 것을 보여주고자 했다. 아감벤에 따르면, 호모 사케르로서의 난민들이 수감된 노모스(정치적인 것의 공간)으로서의 집단수용소는 벌거벗은 생명의 생산이 일상화된 곳이며 "순수하고 절대적이며 초월 불가능한 생명정치적 공간으로서 근대성의 정치적 공간의 숨겨진 패러다임"이 드러나는 가장 핵심적 장소이다.

> 법이 완전히 유보될 뿐만 아니라 사실과 법이 완전히 뒤섞인다는 의미에서 일종의 예외적 공간을 구축한다는 오로지 그 이유로 인해, 수용소에서는 진정 모든 것이 가능해지는 것이다. 일종의 안정적인 예외의 창조를 과제로 삼는 수용소의 이처럼 특수한 법적·정치적 구조를 이해하지 못하면, 그곳에서 벌어진 믿기지 않는 일들 역시 완전히 이해되지 못한 채로 남을 것이다. 누구든 수용소 안으로 들어서는 사람은 내부와 외부, 예외와 규칙, 합법과 불법이 구별되지 않는 지역으로 들어서는 것이며, 거기서는 개인의 권리나 법적 보호라는 개념들은 더 이상 아무런 의미도 갖지 않는다. […] 수용소 수감자들이 모든 정치적 지위를 박탈당하고 완전히 벌거벗은 생명으로 축소되는 한, 수용소는 또한 역사상 단 한 번도 실현된 적이 없었던 가장 절대적인 생명정치적 공간으로서, 거기서 권력은 바로 순수한 생명과 어떤 매개물도 거치지 않고 마주치게 된다.[29]

수용소는 정치가 생명정치가 되고 호모 사케르와 시민이 거의 구분되지 않는 근대정치 공간의 패러다임이 된다. 이 공간에서는 인간

---

[29] 조르주 아감벤, 같은 책, 323쪽.

존재는 자신의 권리와 특권들을 박탈당하면서 자신에게 가해지는 어떤 짓도 더 이상 위법이 아닌 것처럼 보이도록 만든 법적 절차와 권력 장치와 마주치게 된다. 우리는 이 수용소의 정치를 이미 파시즘과 나치즘에서 보았다. 아감벤은 수용소를 파시즘과 나치즘의 장치로만 보지 않는다. 푸코가 감옥을 인간의 신체를 훈육하고 통제하여 유순한 신체로 거듭나게 만드는 근대 권력의 전형적 장소로 인식했듯이, 아감벤은 수용소를 주권권력과 생명정치가 결합하여 인간을 벌거벗은 생명으로서의 호모 사케르로 만들어가는 전형적 공간으로 인식한다. 아감벤이 볼 때, 파시즘과 나치즘을 근대 정치의 일탈이자 특수한 예외가 아니다. 오히려 그것은 근대정치의 한계이자 문턱으로 인식되어야 한다. 아감벤은 "파시즘과 나치즘은 무엇보다도 인간과 시민의 관계에 대한 재정의이며, 아무리 역설적으로 보일지라도 국민주권과 인권주권에 의해 도입된 생명정치적 맥락하에서만 완전히 이해될 수 있다"고 지적한다. 이 말은 나치즘과 파시즘이 벌거벗은 생명의 생산을 일상화하고 '순수하고 절대적이며 초월 불가능한 생명정치적 공간으로서 근대성의 정치적 공간의 패러다임'을 그대로 드러낸 생명정치의 체제였음을 가리킨다. 아감벤의 작업이 갖는 의미는 파시즘과 나치즘, 그리고 집단수용소의 체제를 비판하는 것이 아니다. 그것은 근대적 주권권력과 생명정치가 결합된 순수한 형태에 불과하다. 오히려 중요한 것은 주권권력과 생명정치가 결부된 모든 곳에서 파시즘과 나치즘이 등장할 가능성이 잠재하고 있다는 점이다. 그러므로 우리는 민주주의의 가면 뒤에서 주권권력과 생명정치가 결합하여 벌거벗은 생명, 즉 호모 사케르들을 생산하는 과정을 주시해야 한다. 왜냐하면 호모 사케르는 바로 우리 자신들일 수 있기 때문이다.

3. 『호모 사케르』의 의의와 한계

이제까지 『호모 사케르』의 문제의식과 그 구체적 내용을 간략히 살펴보았다. 특히 주로 '생명정치' 이후 주권권력으로 돌아가려는 아감벤의 의도와 주권 권력과 생명 정치가 뒤얽혀 벌거벗은 생명을 생산하는 예외상태의 구조와 배제적 포함의 논리를 살펴보았다. 이러한 점은 이 책의 핵심적 논제이지만 이 책의 전부는 아니다. 짧은 지면 관계로 다루지 못한 이 책의 핵심적 주장이 하나 더 있다. 그것은 이런 예외상태에서 벗어날 수 있는 길은 없는가를 고민하는 간단치 않은 문제이다. 이 지점에서 아감벤은 슈미트의 예외상태를 뒤집기 위해 벤야민에 의지한다. 벤야민은 「역사철학 테제」 중에서 8번 테제에서 슈미트의 논리를 전위키시고 있다. 이 전위의 의미는 결코 사소하지 않다. "억압당한 자들의 전통은 우리가 그 속에서 살고 있는 '비상상태'(예외상태)가 예외가 아니라 규칙임을 가르쳐준다. 우리는 이런 통찰과 일치하는 역사의 개념에 도달해야 한다. 그 때 비로소 우리는 진정한 비상상태(예외상태)를 야기하는 것이 우리의 과제임을 명확하게 보게 될 것이다."[30] 아감벤은 진정한 예외상태를 『호모 사케르』에서는 단초적으로, 『예외상태』에서는 조금 더 구체적으로, 그리고 보다 더 깊게는

---

[30] Walter Benjamin, "Theses on the Philosophy of History", *Illuminations: Essays and Reflection*, New York: Schocken Books, 1968, p.257.

『남아있는 시간 : 로마인에게 보낸 편지에 대하 해설』에서 탐색한다. 여기서 아감벤은 진정한 예외상태의 도래를 메시아적인 것과 연결짓는다. 그는 메시아적인 것을 예외상태가 중지되는 진정한 예외상태의 도래로 해석한다. 생명정치와 주권권력이 서로 구별되지 않고 뒤섞인 예외상태에서 법의 작동을 중지시키거나 영원히 유예시키는 진정한 예외상태가 출현할 수 있다는 것이다. 이 문제는 여기서는 더 이상 다루지 않겠다. 하지만 아감벤이 근대 정치의 아포리아에서 벗어날 수 없다는 허무주의적 사고에 빠져 있는 것은 아니며, 그 미궁을 풀려고 지속적으로 사고하고 있다는 점만은 지적해둘 필요가 있다.

 『호모 사케르』는 몇 가지 결함을 갖고 있다. 우선 푸코의 이론적 발전에서 아감벤이 간과하고 있는 측면이 있다는 점을 지적할 수 있다. 아감벤이 푸코의 생명정치의 한계를 수정하고 보완하겠다고 말하고 있지만, 사실 푸코가 이미 근대적 인종주의를 해명하면서 생명정치와 주권 권력 간의 관계를 깊이 사고한 바 있다는 사실을 놓치고 있다. 아감벤은『호모 사케르』에서 푸코를 언급하면서『성의 역사 1 : 앎의 의지』와『안전, 영토, 인구: 콜레주드프랑스 강의 1977~78』만 언급하고 있지 푸코가『사회를 보호해야 한다 : 콜레주드프랑스 강의 1976』에서 1976년 3월 17일에 한 생명정치와 주권권력의 문제, 그리고 그 결합태로서의 근대적 인종주의에 대해 강의한 내용에는 별로 주목하지 않고 있다. 이미 푸코는 이 강의에서 생명정치와 주권권력의 뒤얽힌 지점에 대해 이미 설명하고 있다.[31] 물론 그 내적 일관성과 논리적 치

---

31 미셸 푸코, 박정자 역,『사회를 보호해야 한다 : 콜레주드 프랑스 강의 1976』, 동문선, 1998, 277-304쪽.

밀성의 문제는 남지만 푸코가 생명권력과 주권권력 간의 관계를 단절적으로 이해하지는 않았다는 사실은 언급해둘 필요가 있다.

또 다른 한 가지는 아감벤이 푸코의 고고학과 계보학의 탐색에 철저했는가 하는 질문을 제기할 수 있다. 아감벤은 푸코의 근대적 생명권력과 정치를 서구 정치의 근원으로 확장하고 그 근거를 서구 정치의 고고학적 문헌에 대한 탐색을 통해 풀어내고자 한다. 하지만 이런 시도는 푸코가 계보학적 탐구를 통해 보여준 바 있는 근대적 권력장치의 단절과 새로움을 희석시키는 면이 없지 않다. 뿐만 아니라 조에와 비오스, 호모 사케르 등 고대 서구 정치의 담론적·장치적 발굴을 숱한 단절에도 불구하고 현재의 서구정치에 대한 해석으로 개념적으로 비약하는 것은 아닌가 하는 비판을 받을 수 있다. 다시 말해 근대 정치의 고유성을 서구 정치의 전체적 맥락 속으로 옮겨놓을 때, 근대정치가 갖는 독특성은 제대로 사고되지 못하게 되는 것이다. 아감벤의 논리는 철학적으로는 의미 있을지 모르지만 보다 현재적이고 현실적인 갈등과 모순으로 촉발되는 위기 상황을 분석해야 할 정치적 탐구에서는 한계로 작용할 수도 있다.

그럼에도 불구하고 아감벤이 근대적 생명정치의 아포리아를 서구 정치의 근원 속에서 찾아내 그 예외적 구조를 해명하는 통찰력은 여전히 중요한 의의를 갖는다. 나아가서 오늘날 자본의 지구화는 예외상태를 상례화하고 지구적 차원으로 확대하고 있다. 즉 그것은 민족국가를 뛰어넘어 인간을 지배하는 새로운 계기로 등장하면서 기존의 주권적 법들이 해체되거나 약화되는 일이 벌어지고 있다. 지구화의 시대 현재의 주권적 법들이 국내법의 영향권을 넘어선—글로벌 정치체이든 초국적 기업의 논리이든—다른 체제나 권력의 영향을 받거나 지배당하면서 법과 법이 아닌 것 간의 경계들이 모호해지고 혼란, 무질서, 무법과 같은 예외상태들이 일상적인 것이 되고 있다. 나아가서 이런 예외상태에서 개인은 어떠한 보호나 안전장치 없이 자본의 착취 앞에 '벌거벗은 생명'처럼 무방비로 노출된다. 만약 개인의 생명과 삶이 자본에게 더 이상 유용하지 않을 경우 그것은 언제든지 '잉여'로 취급당하게 된다. 지그문트 바우만은 "피난민, 추방자, 망명자, 이주자, 불법체류자, 그들은 지구화의 쓰레기",[32] 즉 잉여들이라고 말한다. 그는 오늘날 호모 사케르가 단순히 국민국가의 차원이 아니라 전지구적 차원에서 어떻게 양산되고 있는가에 주목할 필요가 있다고 주장한다. 아감벤의 호모 사케르는 새로운 차원으로 전개되고 있는 것이다. 근대 정치 속에서 우리는 모두 호모 사케르가 될 수 있다는 주장은 이제 그 현실화의 과정 속에 있다고 할 수 있다.

---

[32] 지그문트 바우만, 정일준 역, 『쓰레기가 되는 삶들: 모더니티와 그 추방자들』, 새물결, 2008, 113쪽.

막스 베버, 『프로테스탄티즘 윤리와 자본주의 정신』

― 막스 베버가 본 자본주의적 합리성의 역설(逆說)

오인영

오인영은
고려대학교에서 서양근대사 전공으로 박사 학위를 받았다. 지금은 고려대학교 융합문명연구원 연구교수로 재직하고 있다. 『개화기 한국과 영국의 문화적 거리와 표상』(공저), 『개화기 한국관련 구미 신문 자료집』(공저) 등의 저서와 『과거의 힘』, 『나라를 사랑한다는 것』 등의 역서가 있다.
yh4506@korea.ac.kr

자국의 왕의 목을 자를 용기를 가져 본 적이 없는 국가는
결코 당당한 자존심을 얻을 수 없을 것이다. – 베버[1]

1. 막스 베버는 왜 『프로테스탄티즘 윤리와 자본주의 정신』을 썼을까

막스 베버(Max Weber, 1864~1920)의 『프로테스탄티즘의 윤리와 자본주의 정신』은 **자본주의적 사고방식과 행위의 역사적 형성 과정에서 프로테스탄티즘윤리가 수행한 실천적 기능을 분석한 책이다.** 본

---

[1] 거의 언제나 학구적이고 '온건한' 논조로 말하는 베버가 이런 '과격한' 말도 했다. 나는 전성우 선생님이 쓴 『막스 베버의 역사사회학』(사회비평사)(이하 『역사사회학』으로 약칭』)에서 처음 이 글귀를 보았을 때 썩 놀랐다(235쪽에서 재인용). 이 말의 의미는 '독일 지식인으로서 베버'를 다룰 때 부연 설명될 것이다. 한편 이 원고는 위의 책과 더불어, 전성우 선생이 쓰신 다른 2편의 논문(『합리성의 역설을 넘어서』, 『시원으로의 회귀』, 나남출판사)와 『프로테스탄트 윤리와 자본주의 정신』(『사회학의 명저 20』, 새길출판사)에서 커다란 시사를 받아서 작성되었음을 밝혀둔다.

문에 방불할 정도로 많은 분량의 주(註)가 달려 있다는 사실이 웅변적으로 보여주듯이, 베버는 엄청난 양의 신학적 . 역사적 자료들을 학자답게 세세히 분석해서 이 책을 썼다. 그럼에도 불구하고 '학자로서의 베버'는 이 책을 "(금욕적 합리주의의 의미를) 그저 가볍게 건드리는 정도"에 그친 "간략한 논의"라고 겸손하게 자평했는데, 이로 인해서 한 평생 공부해도 이런 '간략한 논의'에 도달하기 어렵다는 자괴감을 맛봐야 했다. 『프로테스탄티즘의 윤리와 자본주의 정신』은 애당초 책으로 출간된 것이 아니고 1904/05년 2회에 걸쳐 학술지에 논문 형태로 발표되었는데, 발표 당시부터 극단적인 찬사와 비판이 교차하면서 큰 반향을 낳았다. 베버는 다른 학자들의 비판에 대해 적극적으로 재–비판에 나섰고, 그로 인해서 '자본주의 정신 논쟁'이라고 불리는 논쟁이 벌어져서 오늘날까지도 계속되고 있다.[2] 한권의 책이 고전으로 인정받을 수 있냐, 없냐의 기준을 그 책이 불러온 논쟁이 얼마나 뜨겁고 끈질기게 이루어졌느냐에 둔다면, 지금도 여전히 논쟁 중에 있는『프로테스탄티즘의 윤리와 자본주의 정신』은 고전 중에 고전이라고 할 만하다. 그래서 출세간(出世間)한 지 100년이 넘었음에도 이 책을 통해서 막스 베버는 단지 독일을 대표하는 사회학자가 아니라 20세기 서구 지성을 대표하는 큰 학자의 반열에 오르게 되었다.

한편, '자연인으로서 베버'는 이 논문을 집필하면서 신경쇠약으로

---

[2] 베버가 이 책에서 피력한 논지에 대한 여러 가지 해석에 관해서는 『프로테스탄티즘의 윤리와 자본주의 정신』(김덕영 옮김, 길)에 수록된 김덕영 선생의 「해제 : 종교 . 경제 . 인간 . 근대–통합과학적 모더니티 담론을 위하여」의 516쪽 각주3)을 참고. 한편, 이 글에서 『프로테스탄티즘의 윤리와 자본주의 정신』의 일부를 인용할 때 표기한 쪽수는 김덕영 선생의 위의 번역본의 쪽수를 말함.

인한 고통의 심연에서 벗어나는 계기를 마련할 수 있었다. 1987년 베버는 권위주의적이고 권력지향적인 아버지의 '가부장적 독재'에서 잠시 벗어나기 위해 자신의 집에 와서 '휴양' 중인 어머니를 쫓아와서 계속 '부리려 드는' 아버지와 크게 다투었다. 이 다툼은 논쟁이 아니라 언쟁(言爭)이었고, 점잖았던 아들의 뜻밖의 거센 반항에 자존심이 상한 베버의 아버지는 베를린으로 바로 '귀가'했다가 서둘러 떠난 여행길에서 그만 '급-객사'하고 말았다. 이 사건 이후로 베버는 자신의 적대적 행동이 아버지 죽음의 한 원인이었다는 씻기 어려운 죄책감에 시달리게 되었다. 죄책감은 지속적인 심리 불안, 불면증, 신체적 탈진으로 나타났다. 그와 같은 처지라면 누구라도 병이 나지 않겠는가. 사람에게 양심의 가책만큼 말 못할 정도로 괴로운 게 어디 있으며, 마음의 그처럼 괴로운데 몸인들 편할 수 있겠는가! 그랬던 베버가 신경쇠약을 이겨내고 건강을 되찾게 된 계기가 바로 프로테스탄티즘 윤리와 자본주의 정신의 관계에 대한 학문적 연구 작업이었다. 그래서 국내의 대표적인 베버 연구자인 전성우 선생은 이 책을 가리켜 "학문적 정초 작업을 통해 스스로를 구해 내려는 베버의 초인적인 노력의 결실"로서 **"지적 의지와 열정이 육체적 병을 극복하게 한** 흔치 않은 경우"라고 논평하기도 했다.³ 육체적 고통(苦痛)을 지적 고투(苦鬪)를 통해서 극복할

---

3 전성우, 「프로테스탄트 윤리와 자본주의 정신」, 49쪽(강조는 인용자) 한편, 베버의 지병이었던 신경쇠약과 관련해서는, 어렸을 때 뇌막염을 앓은 적이 있다는 생리학적 병력, 베버 자신의 과도한 지적 작업욕구, 그리고 〈세속적이고 쾌락주의적인 아버지의 가치관〉과 〈경건주의적이고 고도의 도덕적 기준을 요구하는 어머니의 가치관〉의 충돌에서 비롯된 가치관의 갈등 등이 원인으로 거론된다. 이를 포함해서 베버의 생애 전반에 관한 안내서로서는 김덕영, 『막스 베버, 이 사람을 보라』(인물과사상)을 추천하고 싶다. 짧지만 베버의 생애와 사랑, 그리고 생체험이 그의 사상과 어떤 관련이 있는지를 잘 보여주는 책이다.

수 있다는 체험이 어쩌면 베버의 인식론에도 영향을 주었을 것이다. 즉 〈유물론 대(對) 유심론〉의 길항/대립이 아니라 두 관점의 삼투/보완을 강조하는 베버의 학문적 입장에는 정신의 힘으로 육체의 병을 이겨낸 생-체험이 녹아 들어가 있다는 추론이 가능하다.

그런가하면, 『프로테스탄티즘의 윤리와 자본주의 정신』에는 당시로는 영국에 비해 후발 자본주의 국가였던 독일의 '비판적 지식인으로서의 베버'의 문제의식도 도드라지게 새겨져 있다. "사상은 그 시대의 자식"이란 말처럼, 이 책의 집필 동기에는 당시 독일의 '후진적' 상황이 빚어낸 문제적 상황을 규명해 보려는 문제의식도 들어 있다. 베버는 소위 "제2제국(1871~1918)"이라고 불리는 비스마르크-빌헬름 통치 하에서 생애의 대부분을 지냈다. 그 시절의 독일은 이미 중요한 제국주의 세력이었지만 영국이나 미국에 비하면 상대적으로 뒤늦은 '**후발**' **산업화와 '낡은' 귀족 지배계급(융커)의 통치**로 표상되는 권위주의적이고 비민주적인 국가였다. '후진적' 상황에서 베버가 특히 주목하고 비판한 것은, 당시 독일 부르주아 계급의 정치적 무능이었다. 그가 보기에, 토지재산에 뿌리를 둔 프로이센의 귀족계급의 주도 하에서 뒤늦게 산업화가 추진되는 과정에서 독일의 부르주아 계급은 권위주의적인 국가권력이 보장해 주는 '번영'에 취한 채, 정작 자신들의 정치적 역할과 중요성을 제대로 **인식**하지도, 실천적으로 **활용**하지도 못하는 무기력한 상태에 놓여 있었다.

베버는 독일의 이런 후진성을 극복하기를 열망했고, 그런 비판적 독일 지식인으로서 독일 자본주의와 부르주아 계급이 영국과 미국의 자본주의와 부르주아에 비해서 상대적으로 활기차게 성장하지 못한 연원(淵源)을 역사적으로 구명(究明)하려는 문제의식을 갖게 되었다. 뒤집어 말하자면, 영국이 근대 자본주의 발전을 선도할 수 있었던 이유는 무엇이며, 독일의 자본주의에는 무엇이 결여되어 있는가를 탐구하게 되었다. '직업으로서의 학문'을 선택한 베버는 어쩌면 그것을 자신의 "소명"으로 느낀 셈이기도 했다. 여하튼 연구한 결과, 베버는 '**후진 독일**'의 정치적 문제의 핵심에는 독일의 부르주아 혁명의 부재가 놓여 있으며, **역사적 연원에는** (영국과 미국에서 세속적 금욕주의가 청교도주의(Puritanism)을 '숙주'로 삼아서 발현하여 정치적 혁명과 사회의 근대화의 촉진에 큰 기여를 한 것과는 대조적으로) 루터교가 **독일의 기독교에 끼친 영향으로 인해서 독일은 프로테스탄티즘에서 비롯된 세속적 금욕주의를 경험할 기회를 갖지 못했다는 사실이 깔려 있다**는 것을 발견하게 되었다.(전성우, 『역사사회학』, 235쪽)

2. 베버가 이 책에서 말하는 '자본주의'

베버는, 영리활동이나 이윤추구 행위는 인류 역사상 언제 어디서나 존재했다면서 이 책에서는 '모든 시대의 자본주의들'이 아니라 **서구**의 **근대** 자본주의를 다루겠다는 점을 분명하게 언명한다.[4] 그것도 이미 생겨나서 제도화된 자본주의가 아니라 **성립 당시(17세기)**의 자본

---

[4] 따라서 특별한 언급이 없는 한 이후에 나오는 '자본주의'라는 말은 **서구 근대자본주의**의 줄임말로 읽는 게 올바른 독법이다.

주의를 다루겠다고 말한다. 그리고 성립기의 자본주의를 다룰 때에도, **자본주의 체제의 작동 메커니즘이 아니라** 자본주의 **정신의 형성과정**에 한정하여 논의를 전개한다. 아니, 베버는 자본주의 정신의 역사적 기원이라고 할 만한 형성과정의 문제에서도 이념적 형성 요인을 다루겠다면서 자신의 분석대상을 다시 더욱 좁혔다. 다시 말해서, 베버는 이 책에서 서구 근대 자본주의의 **정신**⟨Ⅰ⟩을 다루되, 정신을 구성하는 모든 요인들을 공시적으로 두루 분석하려는 것이 아니라 그것의 **역사적 기원**⟨Ⅰ-1⟩이라는 문제만을 다루고, 정신의 형성과정에 기여한 여러 요인들 중에서도 **이념적 형성요인**⟨Ⅰ-1-(1)⟩에 한정해서, 그리고 이마저도 형성요인 전체를 다루는 것이 아니라 특히 **종교적 요인**⟨Ⅰ-1-(1)-①⟩만을 다룬다. 더욱이 이 종교적 요인마저도, 그 중 하나인 **프로테스탄티즘(특히 캘빈주의)의 윤리**⟨Ⅰ-1-(1)-①-(i)⟩로 분석대상을 제한하고 있다.

요컨대, 베버는 서구 근대 자본주의의 성립에 관련된 광범위한 형성 요인들의 인과성 가운데 하나의 인과과정만을 떼어내어 분석하겠다고 공개적으로 언명한 셈이다. 따라서 베버가 이 책에서 규명하려는 핵심은 "단지, 수많은 역사적 개별 동기에서 성장한 근대의 특별히 '현세'지향적인 근대 문화의 발전이라는 직물(織物)에 종교적 동기가 짜 넣은 씨줄을 보다 명백히 밝히려는 것(138쪽, 밑줄은 인용자)"이다. 하나의 직물이 숱한 씨줄과 날줄로 짜인 것임을 떠올려보면, 이 말은 **복잡하고 다양한** 근대 문화의 발전과정에서 **어떠한** "종교적 동기"가, 말 그대로 **일조**(一助)했는지를 밝혀보겠다는 뜻임을 능히 짐작할 수 있다.

자본주의의 복합적이고 포괄적인 측면들 가운데 하나의 특정한, 그리고 상대적으로 부차적인 측면을 집중적으로 분석하겠다는 저자의 명시적 선언에도 불구하고, 『프로테스탄티즘 윤리와 자본주의 정신』은 발표 직후부터 숱한 오해와 왜곡의 대상이 되어 왔다. 그 가운데 가장 심각한 폐해를 낳은 것은, 베버가 프로테스탄티즘의 윤리라는 "이념"이 자본주의라는 "물질적 체제"를 창출해 냈다고 주장했다는 오해다. 이런 오해는, 베버가 〈자본주의(라는 사회적 실재)가 프로테스탄티즘(이라는 관념)에 의해 규정된다고 주장했다〉는 허무맹랑한 일반화를 거쳐서, 베버를 마르크스적 유물론에 대한 대안을 제시한 대표적인 유심론적 사상가인양 호도하는 '지적 사기'로 이어졌다.[5] 그러나 실제로 베버는 '유물론적 역사관과 방법'이 잘못되었고, 그렇기 때문에 유심론적 역사관과 방법으로 대체되어 마땅하다는 주장을 한 적이 없다. 물론, 베버는 교조적인 유물론적 해석에 대해 썩 비판적이었다. 그는 "'이념적 상부구조'는 '물질적' 관계의 '반영'"(98쪽)이라거나 "경제적 변화로부터 종교개혁을 '발전사적으로 필연적인 것'으로 연역해 낼 수 있다"(138쪽)는 견해를 "기계론적 유물론"이라고 불리는 조야한 '반쪽 테제'에 불과하다고 비판했다. 그러나 그는 "자본주의 정신은 오직 종교개혁의 일정한 영향의 결과로만 발생할 수 있었다"거나 "경제체제로서의 자본주의는 종교개혁의 산물"(같은 쪽)이라고 주장하는 소위

---

[5] 베버를 미국에 소개한 사회학자 탈코트 파슨즈가 베버에 열광했던 이유 중의 하나가 이 책에는 마르크스적 사회이론에 대한 관념론적 기능주의적 대안이 잠재해 있다고 믿었기 때문이다. 이에 관해서는 「막스 베버 종교사회학의 이론적 틀」(『민족과 문화』, 2001년 제10집, 373쪽 참조).

유심론적(관념론적) 해석도 마찬가지로 유치한 반쪽 테제에 불과하다고 비판했다. 요컨대 그는 자본주의 연구와 관련하여 '어리석고 교조적인 반쪽 테제들' 모두에 비판적이었지, 유심론적 해석에 치우쳐 있지 않았다.

그렇다면, 역사에서 경제적 요인-정신적 요인과의 관계에 대한 베버의 기본입장은 무엇이었을까? 그의 기본 입장은 유물론이나 유심론을 연구의 **전초작업으로서 해석 틀**로 보아야 한다는 것이다. 그는 이론이란 그 자체의 다양한 해석의 가능성을 품고 있는, 지극히 복합적인 역사현실의 한 단면을 어느 특정한 관점에서 조명해 볼 수 있도록 하는 논리적 구성물이라고 생각했다. 말하자면, 어떤 이론이나 해석 틀은(그게 유물론이든 유심론이든 간에) 일면적일 수밖에 없으므로 그것을 맹목적으로 신봉하거나 숭배하는 것은 어리석다는 것이다.[6] 이런 맥락에서 베버는, 경제적 요인은 "언제나" 그리고 "무엇보다" 고려해야 하지만(26쪽), 그렇다고 이념적 요인을 이해관계의 단순한 반영이나 종속변수로만 취급해서는 안 된다고 주장한다. 이념들은 이해관계를 **대변하는** 이데올로기이지만 **동시에** 이해관계 상황을 **넘어서기도** 하기 때문이다. 특히 그는 (이 책이 다루는 자본주의 발생기와 같은) 중대한 역사적 전환점에서 새로운 **종교적·윤리적 비전**은 능히 하나

---

6 니체 투로 표현하면, 역사(현실)가 이론을 위해서 존재하는 것이 아니라 이론이 역사(현실)를 위해서 있다는 것이고, 최인훈 선생 투로 말하자면, 천체 망원경을 통해서만 우주를 관측할 수 있듯이 역사도 사관(view of history)을 통해서 무수한 사실들의 의미를 파악할 수 있다고 해서 사관을 섬겨서는 안 된다는 것이다. 사관 숭배는 천체를 관측하기 위해서 천체망원경을 숭배하는 것처럼 어리석은 일이기 때문이다.

의 집단적 '세계상'으로 승화될 수 있으며, 이 이념적 세계상은 물질적 발전의 방향 설정에도 중요한 기여를 하기도 한다는 점을 강조한다.[7] 베버는 16세기말에서 17세기 서구에서 진행된 자본주의 발생 과정에서 프로테스탄티즘의 윤리, 특히 칼뱅주의라는 새로운 종교적 비전(vision)이 수행한 역할이 바로 그런 "이념의 전철수"에 해당된다고 보았다. 예컨대, 그는 이렇게 주장한다.

(자본주의) '정신'의 질적 각인과 세계로의 양적 팽창에서 종교적 영향이 과연 **함께** 작용했는지, 또 실제로 작용했다면 어느 정도로 그랬는지, 그리고 자본주의적 토대에 근거하는 <u>문화</u>의 어떤 구체적인 측면들이 종교적 영향으로 소급되는지가 확인되어야 할 뿐이다. 그런데, 이 경우 종교개혁이라는 문화 시기의 〈물질적 토대〉, 〈사회적·정치적 조직 형태〉와 〈정신적 내용〉 간의 상호 영향 관계가 극도로 복잡하다는 사실을 고려하면, 우선은 일정한 형태의 종교적 신앙과 직업윤리 사이에, 과연 그리고 어떤 점에서 **특정한 '선택적 친화력'이 인식될 수 있는지를 연구하는 데 한정**될 수밖에 없다. **그러면서 동시에** 그러한 친화력의 결과로서 종교 운동이 물질적 문화의 발전에 영향을 끼친 방식과 일반적 방향이 가능한 한 명료해 질 것이다. **이것이 어느 정도 확정되고 나면** 비로소 근대 문화 내용이 그 역사적 생성 과정에서 어느 정도로 그러한 종교적 동기에, 또 어디까지 다른 동기에 귀속될 수 있는가를 평가하는 시도를 할 수 있을 것이다.(138-139쪽. 밑줄 친 강조는 베버, 그냥 강조는 인용자)

---

7 전성우, 「프로테스탄트 윤리와 자본주의 정신」, 61쪽. 강조는 인용자.

따라서 이 책만 읽고서 베버가 자본주의 체제 전체나 자본주의 발생과 관련된 물질적 요인에 관해서 언급하지 않았다고 비판하는 것은 자신의 무식과 무지를 드러낼 뿐이다. 이 책에 가해진 여러 비난 가운데 상당수의 것들이 베버의 논제설정에 대한 그릇된 파악에서 비롯된 것이다. 다시 말하지만, 이 책에서 지극히 한정적이고 선별적인 부분만을 분석하려고 했기 때문에, 자본주의의 형성과 작동에서 경제-사회적 요인을 다루지 않았을 뿐이지 그것들을 경시한 적은 없다. '오해의 헛발질'을 막기 위해서, 자본주의적 생산양식이 발전하는 데 필요한 경제-사회적 요인에 대한 베버의 견해를, 전성우 선생의 깔끔한 요약을 빌려 여기에 소개하면 다음과 같다.[8] ① (책에서는 "자유노동의 합리적 조직의 출현"이라고 표현된) **생산수단으로부터 유리된 대량의 임금노동자의 존재**; 베버는 마르크스와 마찬가지로 노동자들은 형식적으로는 자신들의 노동력을 자유롭게 처분할 수 있지만 실질적으로는 노동력을 팔지 않고는 생계를 유지할 수 없는 계급이라고 본다. 그래서 베버는 자본주의 하의 노동자들을 "기아의 채찍"에 쫓기는 "주인 없는 노예"로 묘사한다. ② 생산수단의 사유화(私有化). ③ 시장에서의 경제적 교환행위에 대한 경제외적 강제의 약화. ④ 기업의 가계(家計)로부터의 분리.

그렇다면 베버는 왜 〈자본주의 정신의 기원〉을 별도의 분석대상으로 삼았을까? 첫째로, 앞에 언술한 경제적·사회적 요인과 작동기제만으로는 자본주의를 온전히 서술할 수 없다고 보았기 때문이다. 하나

---

8 전성우, 앞의 논문, 374쪽과 『역사사회학』, 273쪽.

의 사회체제가 작동하고 유지하려면, 그에 적합한 행위양식과 사고방식=정신이 필요하다. 아무리 비싸고 좋은 옷이라고 할지라도 그게 자신에게 잘 어울린다고 생각하지 않으면, 그게 내 옷이 되기 어렵듯이, 베버는 서구의 근대 자본주의는, 그것이 자신에게 잘 맞는 옷이라는 생각이 없었다면 '대량생산-유행'이 될 수 없었다고 본 것이다. 이 대목에서 베버는 이윤욕구 그 자체는, 그것이 얼마나 강력하든 않든 간에, 서구 근대 자본주의만의 고유한 특성이 아니라는 점을 강조한다. 영리추구 욕구(화폐욕구)은 역사 시기의 거의 모든 지역, 모든 시대의 거의 모든 사람들에게 존재했고, 존재하고 있었으므로 서구 근대자본주의만의 특징이 될 수 없다는 것이다. 베버는 **서구 근대 자본주의의 고유한 특징으로 특정한 방식과 수단에 의거한 이윤추구**를 꼽는다. 무분별한 이익 추구나 강제 약탈과는 달리, **지속적이고 합리적인 이윤의 축적을 목적 그 자체로 삼는 체제**라는 특성을 강조한다.[9] 즉, 서구 근대자본주의는 이윤을 추구하되, **"지속적이고 합리적인 자본주의 기업을 통해 항상 갱신되는 이윤을 추구"**한다는 특징을 지닌다.

둘째로, **체제로서의 자본주의의 기원 문제에 관한 답변은 이미 어느 정도 제시되어 있다**고 판단했기 때문이다. 사실, 아메리카로부터 귀금속의 유입, 상업을 통한 자본의 축적, 시장의 확대, 인구의 증가, 그리고 자연과학의 발달로 인한 새로운 기술의 출현 등의 요인이 경제 체제로서 근대 자본주의 체제를 형성시킨 주된 요인이라는 견해가 당

---

9 베버, 『종교사회학 논문집』1권, 전성우, 『프로테스탄트 윤리와 자본주의 정신』, 50쪽에서 재인용.

시 식자층 사이에는 널리 퍼져 있었다. 베버에게는 이런 요인과 조건들의 중요성을 부인하거나 과소평가할 생각이 전혀 없었다. 다만, 그가 주목한 것은 이런 요인들을 두루 갖추고 있었어도 자본주의적 체제가 생겨나지 못한 국가도 있었다는 점이었다. 이런 사실에서 베버는 경제적 설명만으로는 불충분하고 비경제적인 정신적 요인이 보완적으로 검토되어야할 필요성을 발견했다. 이런 견지에서, 베버가 〈정신으로서 자본주의〉의 기원을 연구한 것은, **남들도 다 할 수 있는 말은 삼가고 남들이 할 수 없거나 하지 않은 말**을 하고 싶다는 마음의 움직임에서 비롯된 것이라고 나는 생각한다. 한마디로 **그는 독창적이다!**[10]

 셋째로, 베버는 자본주의 정신의 역사적 기원을 분석함으로써 자본주의 정신의 담지자를 규명하고, 그들 통해서 자본주의의 주역을 찾아낼 수 있다고 보았기 때문이다. 자본주의 체제의 기능방식과 기원은 차원이 다른 문제이다. 베버는 자본주의 체제의 작동 메커니즘은 이미 존재하는 자본주의를 '묘사'할 수는 있지만 자본주의가 어떻게 발생했는지는 '설명'할 수 없다고 생각했다. 특히 베버는 체제 작동의 역사적 전제조건들을 설명하기 위한 첫걸음이자 가장 중요한 작업은 무엇보다도 그런 조건들을 창출하고 또 활용할 수 있었던 '집단적 담지자'층을 확인하는 것이라고 보았다. 베버의 눈에 포착된 가장 중요한 집단적 담지자층(Träger)은 **16세기 말에서 17세기 사회적으로 상승하는**

---

10 "부와 종교의 이 역설적인 관계는, 지금까지 그 누구도 이론을 제기한 적이 없으며, 단지 내가 그 내적 추진력을 조금 더 깊이 연구한 사실에 대해 그토록 가볍게 이론을 제기한 것은 참으로 당치않은 일이다." 409쪽 각주95).

산업적 시민계급의 여러 계층들이었다. 즉 오늘날 자본주의 기업가 집단의 '원조'는, 중세 말 르네상스기의 메디치가(家), 푸거가(家)와 같은 상류계급에 속하는 '경제적 슈퍼맨'이 아니라 다수의 도시 중소 상공인, 즉 도시 중간층 시민들이었다. 이처럼 베버는 자본주의 정신의 윤리적, 종교적 기원을 연구하면 근대 초기 도시 중견 상공인들이 자본주의 기업가 '계급'으로 성장해 가는 역사적 과정도 파악할 수 있다고 생각했다. 이것을, 앞서 독일의 후진적 상황에 대한 베버의 문제의식과 포개서 보면, 『프로테스탄티즘 윤리와 자본주의 정신』은, 17세기 영국에서 생겨난 상업적 산업적 혁신 및 자본 축적의 기회들을 최대한 활용한 '원조 기업가집단'의 형성과정에 연관된 인과 요인을 **밝혀내고**, 나아가서는 그것을 통해서 시민계층이 17세기를 거치면서 정치사회적 '신분집단'에서 부르주아 '계급집단'으로 전환되는 역사적 과정의 한 단면을 보여주려는 저작이라고 할 수 있다.

　이야기가 나온 김에 〈자본주의 체제와 정신〉 간의 교호작용과 관련하여 유념할 점 하나만 지적하고 가자. 베버는 〈체제〉와 〈정신〉 사이에 법칙적 관계를 설정하고 있는 것은 아니다. 즉 〈전(前)자본주의 체제〉와 〈자본주의 정신〉이 결부될 수도 있고, 〈자본주의 체제〉와 〈전(前)자본주의 정신〉이 결합할 수도 있다면서 양자의 관계를 유연하게 파악한다. 베버의 말을 직접 들어 보시라. 인용하는 김에 4절과 관련된 부분까지, 다소 길지만 우선 적어둔다.[11]

---

11 이 부분을 주의 깊게, 찬찬히 읽어 보시라고 당부하고 싶다. 〈합리성의 역설〉 문제와 관련해서도 의미가 깊은 대목이다.

직업 의무라는 관념은 [⋯] 개인이 자신의 직업적 활동의 내용에 대해 의식해야만 하고, 또 실제로 의식하는 의무로서, 그 직업적 활동이 무엇이든 상관없이 성립한다. [⋯] 물론 그렇다고 해서, **이 관념이 오로지 자본주의의 토대 위에서만 발생한 것은 아니다.** [⋯] 그리고 당연한 일이지만 **오늘날의 자본주의가 존속하기 위해서는** 그 개별적 담지자들, 예컨대, 근대적 자본주의 기업의 **기업가들이나 노동자들이** 이런 윤리적 준칙을 주관적으로 체득하는 것이 그 전제 조건이라고 주장하는 것은 더더욱 아니다. 오늘날의 자본주의 경제 질서는 개인들이 태어나고 그 안으로 내던져지는 거대한 우주인바. 이 우주는 개인들에게 그들이 살아가야만 하는 사실상 **불변적인 껍데기로 주어진다**. 그 우주는 개인들이 시장에 관련되는 한 자신의 경제적 행위 규범을 **강요**한다. 이런 규범에 적응할 수 없거나 적응하려고 하지 않는 노동자는 실업자로 길거리에 내던져지듯이, 이러한 규범에 지속적으로 대립해 행위를 하는 공장주는 반드시 제거된다. [⋯] 그러니까 **경제적 삶을 지배하게 된 오늘날의 자본주의는** 경제적 **도태(淘汰)과정을 통해** 필요한 경제주체(기업가와 노동자)를 **교육하고 창출하는 것**이다.(78-79쪽, 강조는 인용자)

3. 베버는 이 책에서 무엇을 말하고 있는가?

앞서 말했듯이, 베버는 자본주의 발생의 역사적 전제조건을 규명하기 위한 첫 걸음으로써 16~17세기 자본주의적 기업가 집단인 도시 거주 소(小)상공 시민계층이 경제활동의 규범을 어떻게 변화시켰고, 그래서 어떻게 신분적 질서를 뒤엎고 사회의 주도계층이 되는지를 탐구하려고 했다. 그리고 이런 탐구의 자극제는, 이들이 새로운 계급적 위상을 확보하고 자신들의 계급적 아이덴티티를 형성하는 과정을, 단지 자본축적과 이윤증대라는 영리활동의 실현을 위한 전략으로만 보는 것은 너무 협소한 시각이라는 문제의식이었다. 돈이면 뭐든 다 된다는 생각은 오늘날 세속적 통념이 되었지만 역사적 관점에서 보면 통념이 꼭 옳은 것은 아니다. 예컨대, 이탈리아 르네상스의 발흥을 돈(상업자본가의 대두)만으로 설명할 수는 없는 노릇이다. 돈으로 문화의 산물을 살 순 있어도 돈만으로 문화를 만들어 낼 수 없다. 또한 돈으로 집(house)과 시계(watch)와 운동기계를 살 순 있어도 가정(home)과 시간(time)과 건강을 살 수는 없지 않은가!

베버는 서구 시민계급의 자기정체성에는 경제외적인 . 실존적인 근거들도 있었음에 주목한다. 베버는, 기업가의 **경제적 행위 그 자체가** 어떤 **삶의 의미를, 삶 전체와 관련된 '도덕적 비전과 윤리적 지향'을 지니고 있다**는 것을 보여준다. 이와 관련하여 이 책에서의 베버 논지는 크게 2개의 명제로 구성되어 있다고 할 수 있다. ① 초기 자본주의적 기업가 집단의 형성에는 물질적 이해관계 이외에 특정한 이념적 요인도 작용했다.(베버는 이것은 **자본주의 정신**으로 개념화하고 있다.) ② 이 자본주의 정신의 형성에는 당시 종교적 이념체계 중의 하나인 프로테스탄티즘이, 특히 칼뱅주의가 중요한 역할을 했다. 이런 명제들을 논증하기 위해서 베버는 그 유명한 **이념형**(ideal type)을 구사한다. 이념형이란 〈연구자의 문화적 가치관과 인식관점을 기준으로 삼아서 하나의 사회 현상이 가진 무수한 관점들 가운데 하나의 특정 관점을 선택하여 그것을 의도적으로 부각시키고, 그 관점을 중심으로 사회 현상에 대한 논리적 체계를 구성하는 방법〉이라고 할 수 있다. 줄여 말하면, 이념형이란, **역사적, 경험적 현실을 반영하고 있는 실재가 아니라 그런 현실에 이념적, 개념적 질서를 부여하는 분석적 수단**이다. 베버는 이 책에서 3개의 이념형을 중심으로 논증한다. **자본주의 정신, 현세적 금욕주의(라는 프로테스탄티즘 윤리), 칼뱅주의 윤리관**이 그것이다. 이것은 상론하기에 앞서 베버가 자신의 논지를 벤저민 프랭클린을 사례로 들어 예시하는 대목을 먼저 살펴보자.

(1) 벤저민 프랭클린을 예시하여 이념형으로서의 자본주의 정신= 영리행위의 윤리적 승화를 말하다

베버는 초기의 기업가들이 특별한 열의와 헌신으로 경제적 이윤을 추구했다면, 달리 말해서 '양심적으로' 이윤을 추구했다면, 그것은 16~17세기 종교개혁으로 나타난 새로운 윤리가치인 프로테스탄티즘(특히, 칼뱅주의) 윤리에서 비롯된 것이라고 본다. 그는 개신교도와 가톨릭교도 사이의 문화적 차이를 비교/분석하면서 개신교도들 사이에 "경제적 합리주의"가 훨씬 더 강력하게 나타난다는 결론을 얻는다. 특히, 프로테스탄트 집단에서는 "탁월한 자본주의적 사업 감각이, 전 생애를 관철하고 규제하는 가장 강렬한 형태의 **경건성과 결합**하여 한 사람의 내부에, 한 집단의 내부에 병존하는" 특징이 나타난다는 사실에 주목, "프로테스탄티즘 정신의 일정한 특징과 근대 자본주의 문화 사이에 어떤 내적 친화성을 찾아야 한다면, 그것은 반 금욕적인 '세속적 쾌락'이 아니라 오히려 순수한 종교적 특징에서 찾아야"한다고 역설한다.(55쪽, 59쪽) 그들만이 특별히 합리적인 자본주의 정신을 받아들일 수 있었던 것은, 역설적이게도 그들이 세속적이고 향락적이어서가 아니라 바로 개신교의 금욕적인(ascetic) 성격 때문이라는 것이다. 베버는 이런 자신의 논지를 입증하기 위해서 벤저민 프랭클린의 '설교'를 인용한다. 베버가 보기에, 그는 새로운 개신교 속에서 자신의 사업적 행위에 대한 분명한 정당성을 찾아낸 초기의 기업가 가운데 전형적인 한 사람이기 때문이다. 프랭클린이 부에 대해 예전의 부자들과는 다른 태도를 지니고 있다는 사실을 보여주기 위해서, 베버는 프랭클린의 책 『부자가 되려는 사람들을 위한 필수지침 Necessary Hints To Those That Would Be Rich』과 『젊은 상인에게 주는 충고 Advice to a Young Tradesman』에서 근검절약, 고된 노동, 정확성에 관해 언급한 내용을 분석한다.

베버의 분석에 의하면, 프랭클린이 돈을 모으려 했던 동기는 향락주의적인 것이 아니라 엄격한 칼뱅주의 가르침에 근거한 것이다. 즉, 프랭클린의 사업적 관심은 **단순히** '영리한 사업술'이 아니라 종교적 동기에서 비롯된 하나의 **에토스**이며 종교적으로 정당한 것이었다.("자기 일에 근면한 자를 보라. 그는 하나님 앞에 설 것이다.") **돈벌이를 (자신의 물질적 생활 욕구를 만족시키기 위한 수단이 아니라) 삶의 목적 자체로 보려는 태도를 발견한다**(77쪽). 프랭클린은 화폐취득 자체를 목적으로 삼는 태도를 "윤리의 최고선"으로 정당화하고, "돈을 벌고 더욱더 많은 돈을 버는 일은, 모든 행복주의적 관점은 말할 것도 없고 심지어 모든 쾌락주의적 관점을 완전히 벗어나 순수하게 자기 목적"인 것처럼 생각한다.[12] 자신의 직업 노동을 일종의 소명(Beruf :

---

[12] 베버는 이것에 대해서 "각 개인의 행복이나 효용에 대해서는 완전히 초월적이고 전혀 비합리

Calling)으로 여기는 이런 태도는 프로테스탄티즘의 윤리가 등장하기 전에 존재하지 않았다.[13] 따라서 베버의 관점에서 보면, 자본주의 정신은 자연적으로 주어지는 것이 아니다. 고임금(성과급제도)이나 저임금(노동 강제의 수단)을 통해서 직접적으로 얻어지는 것도 아니다. 그것은 **규범에 구속된 특정한 생활양식으로서 "윤리의 옷을 입고" 비로소 역사의 무대에 등장했다**(82쪽). 〈직업 노동을 자기 삶의 목적=소명〉으로 파악하는 에토스는, 주로 프로테스탄티즘 윤리의 (**의도했거나 예상한 것은 아니지만**) 실천적 영향에 힘입어 전통주의라는 낡은 관습("인간은 본성 상 더 많은 돈을 벌기를 원하는 것이 아니고 단지 지금까지 자신이 살아온 대로 살고, 그에 **필요한 만큼만 벌려고 하는** 과거의 습관적 행동양식"이라는 뜻하는 베버의 용어. 83-84쪽)을 물리치고 자본주의 정신을 낳았다.

이처럼 베버가 구성한 이념형으로서 자본주의 정신이 지닌 가장 주요한 특징은 기업가의 경제 행위에 높은 윤리적 의미를 제공한다는 것이다. 기업가는 **자본주의적 영리 행위**를 단순히 밥벌이 수단이 아니라 **인간으로서 자신의 윤리적 가치와 존엄성을 확인해 주는 행위로 간주**

적인 것"이라고 분명하게 지적한다(77쪽). 나중에 다시 설명하겠지만, **합리적**이고 지속적인 자본축적이란 인간이 돈벌이를 욕구 충족을 위한 수단으로 사용하는 것이 아니라 **인간이 돈벌이에 지배당하는 비합리적 결과를 낳는다.** 따라서 이 대목은 베버가 제시하는 합리성의 역설과 관련하여 매우 중요하다. 텍스트의 77쪽이다. 특히 "**이것은 선입견 없는 눈으로 보면 우리가 보통 말하는 '자연스러운' 이치를 전도시켜 완전히 무의미하게 만드는 것이다. 그러나 이런 전도야말로 자본주의의 명백하고 절대적인 기조가 된다.**"(77-78쪽, 강조와 밑줄은 인용자)

[13] 근대적인 '직업' 개념의 창조는 언어상으로도 성서 번역으로, 그것도 프로테스탄티즘의 성서 번역으로 소급된다. 145쪽 각주 3).

한다는 것이다. 즉, 자본주의 정신은 기업가로 하여금 자신의 경제 행위를 하나의 소명으로 여기도록 함으로써 영리행위를 남을 속이거나 남을 희생시켜야만 가능한 "비윤리적이고 불명예스러운" 행위가 아니라 윤리적으로 정당한 행위로 승화시킨다. 경제적 영리 행위를 단지 **수용**할 뿐만 아니라 **정당화**하여 **권장사항**으로 만든다. 이런 측면에서 자본주의 정신에 충실한 기업가의 이윤추구는 쾌락적 탐욕이나 수전노적 욕심과는 구별된다. 이윤은 사치와 과시 욕망을 충족하기 위해 낭비되는 대신 자본으로 축적되고 지속적으로 기업에 재투자되어 앞으로 "더 높은 신의 영광"이라는 더 큰 이익을 위한 수단으로 사용될 것이기 때문이다.

기업을 구성하는 요소들은 항상 가변적이고, 이윤 역시 가변적이고 불안정하므로, 자본주의 정신은 기업가로 하여금 부단히 결단을 내리고 새로운 혁신을 도입하며 지속적으로 **모든 요소들을 "계산하도록"**, 쉼 없이 활동하도록 요구한다. 따라서 기업가는 **자신의 삶 전체**에 대해 하나의 **체계적인 태도**를 취하지 않을 수 없다.[14] 이런 **태도의 표상**이 바로 **근검절약, 부지런함, 계산적 태도와 계획성, 금욕주의, 신용 축적 등의 덕목**이다. 또한 **자본주의 정신**은 기업가가 맺는 사회적 관계의 성격도 결정한다. 그는 자본 증식에 필요한 지속적인 계산과 적응능력, 혁신적 태도를 가지고 있기 때문에, 노동자와 경쟁자들 포

---

14 베버에 의하면, 가톨릭의 공식적인 교리는 이런 기능을 수행하지 못한다. 왜냐하면 1) 가톨릭 교회는 〈고해-용서〉를 통해 비체계적 생활방식을 용이하게 했고, 따라서 2) 칼뱅주의자들이 갖고 있던 철저히 엄격하고 냉담한 감정 내용과 오로지 자신만을 향하는 고립 등을 결여하고 있었기 때문이다. 283쪽 각주 69).

함한 모든 타인과의 관계에서 냉정할 수밖에 없다. 그는 공동체 의식이나 인간적 연대감에서가 아니라 **객관적이고 계산적이며 사물적인 시각에서 인간을 보게 되고**, 그래서 철저히 개인주의적 인간이, 자본가가 된다.

(2) 자본주의 정신과 칼뱅주의 – 나는 어떻게 나의 구원을 확신할 수 있는가?

베버가 자본주의 정신의 뿌리 가운데 종교적 요인에 관심을 기울인 데는 역사과정에서의 **인과관계의 중층적 성격**에 대한 예민한 감각도 한몫을 했다. 즉, 베버는 역사 과정에서의 인과 관계는 일면적이지 않고 다면적이며, 명료하게 바로 드러나기보다는 **역설적으로 드러난다**고 믿었다. 그렇다고, 베버가 종교적 요인에 관심을 기울인 직접적인 이유를 추리할 수 없는 것은 아니다. ① 우선 베버는 행위규범의 틀을 규정하는 윤리관의 이면에는 우주에서의 인간의 위치, 삶의 궁극적 의미에 대한 견해, 인간의 실존적 문제에 대한 가정들이 숨어 있다고 보았다. 이런 문제들은 바로 종교의 소관사항이었고, 전근대 사회의 경우에는 더 말할 나위 없이 그랬다. ② 베버는 초기 자본주의 발전의 역사적 상황에 각별히 주목했다. 서구의 근대 자본주의의 발생 시기는, 열렬한 종교적 열정에 가득 찬 사람들이 다수를 이루는 시기인 종교개혁의 시기와 겹쳐진다. 따라서 자본주의 정신이 사회적 기반을 얻기 위해서는 대중의 이러한 종교적 열정에 어떻게든 상응할 수밖에 없다. 베버는 이것이 프로테스탄티즘과의 접목을 통해 이루어졌을 개연성이 크다고 보았다.[15] ③ 자본주의 정신의 뿌리를 신교에서 찾은 세

번째 근거는, 근대 자본주의가 실제로 프로테스탄트 지역이었던 서북부 유럽에서 여러 신교 종파들(특히 칼뱅주의)과 연결된 집단들에 의해서 수행되었다는 사실이다.[16]

다만 여기서 간과하지 말아야 할 점은, 베버가 칼뱅주의를 포함해서 특정 신교교리에서에서 '**직접적으로**' 자본주의 정신을 인과적으로 도출하고 있는 것이 아니라는 사실이다. 칼뱅을 포함해서 종교 개혁가들은 세속적 재화의 추구를 삶의 목적이라고 설교하거나 윤리적 가치로 통용시키려 한 게 아니다. 그들의 인생과 활동의 목적은 당연히 영혼의 구원이었다. 베버가 주목한 것은, 종교 개혁의 문화적 결과는 상당 부분 **종교개혁의 예상치 못했던, 심지어 원하지 않았던 작용 결과**였다. 그것은 종교개혁이 상정하던 것과는 거리가 멀었고, 종종 대립되기까지 했다. 베버가 중요하게 생각한 것은 "칼뱅의 개인적 견해가 아니라 칼뱅주의"이며(56쪽, 각주 7), 그것도 교리 자체가 아니라 교리가 신자들에게 끼친 실제적 영향이었다. 베버의 표현을 빌자면, "중요한 것은 신학적 윤리이론이 개념적으로 무엇을 발전시켰는가의 문제가 아니라, 신자들의 실천적 생활에서 유효한 도덕이 무엇이었는가

---

15 교회가 인간의 삶에 강력한 영향력을 행사하고 교회 안에서 교리적 관심이 고도로 발전하던 시기에는 종교에서 실천적으로 매우 중요한 윤리적 결과가 나타나며 […]종교 투쟁의 시대에는 평신도의 교리적 관심조차 오늘날의 척도로 보면 믿을 수 없을 정도로 강력했다. 281쪽 각주 67).

16 ①과 ②에 관해서는 앞의 주 15)와 책의 다음과 같은 주를 참고. "단순히 기계적인 화폐 조작(토지가 아니라 돈에 대한 지향성)에 의해서는 노동자들을 절대로 자본주의적 문화로 교육시킬 수 없으며 그리하여 자본주의 경제를 가능케 할 수 없다(110쪽 각주 14))." "또한 "종교에 근거한 윤리는 고도의 영향력을 지닌 심리학적 보상(경제적 성격이 아닌)을 준다. 그러나 이것은 신학자들의 교리가 작용하는 데서 한참 벗어나는 방향으로 작용하는 한, 이 보상은 생활양식에 독자적인 영향을 끼치게 되고, 또한 그럼으로써 경제에도 영향을 끼치게 된다(108쪽 각주 11))."

의 문제, 달리 말해서 직업윤리의 종교적 정초가 **어떻게 실천적으로 영향을 끼쳤는가의 문제**"에 주목한 것이다.(385쪽 각주 42, 강조는 베버, 밑줄은 인용자)

그렇다면 칼뱅주의 교리 중에서 도대체 어떤 교리가 신도들의 윤리적 태도에 그토록 지대한 영향을 준 것일까? 베버는 다음의 두 가지에 주목했다. 첫째는 **신은 인간과 세계의 운명에 대해 절대적 지배권과 초월성을 지니고 있다는 교리**다. 베버의 표현을 그대로 옮기자면, "(칼뱅주의에서 교회) 교육의 목적은 교육 받은 자의 영혼 구제가 아니라 단지 신의 영광을 더하는 것"이었다.(267쪽, 각주 35) 둘째는 **구원예정설**이다. 이 교리에 의하면, 신은 처음부터 자의적이고 또 변경 불가능하게 개개인의 구원 여부를 이미 결정해 놓았고, 이런 결정을 우리가 죽어서 신 앞에 갈 때까지는 결코 인간에게 계시하지 않기 때문에 인간의 힘으로는 신이 정한 이 운명을 결코 알 수도, 절대 바꿀 수도 없다. 신은 초월적이고 절대적인 존재인 까닭에, 인간은 자신이 저주받지 않았는지 두려워하거나 그저 자신이 구원받았길 희망할 수 있을 뿐, 가톨릭이 강조하는 고해성사와 선행이든 루터파가 내세운 참회적 회오(悔悟)든 간에, 어떤 행위를 통해서 신의 예정에 영향을 줄 수가 없다. 베버는 가톨릭의 고해성사와 선행은 "공로와 죄의 결산을 통한 일종의 당좌계정"과 같은 것이고, 루터파의 참회적 회오는 "회심한 죄인의 구체적인 참회 행위를 통해 신의 결정을 번복"할 수 있다는 관념을 내포하고 있기 때문에, 결국 자신의 품행에 스스로 지어야 할 책임을 경감시킴으로써 금욕주의적 요구가 빚어낸 엄격주의를 약화시키는 결과를 낳았다고 해석한다(284쪽 각주 74). 반면에 칼뱅주의가 내세운 신의 절대적 권능과 구원예정설은 전적으로 자신에게만 의지하는 내적 고립감 속에서 **세속 내에서의 행위를 통한 확증**을 요구하게 되었다는 것이다.

베버에 의하면, 신의 결단은 확고하고 불변하기 때문에, 신의 은총은 그것을 받은 자가 잃어버릴 수도 없으며 그것을 거부당한 자가 얻을 수도 없다는 "이 비장함을 불러일으킬 만큼 비인간적인 교리"는 "**각자 개인**이 직면하는 전대미문의 내적 고립감"(182쪽)을 야기했다. 칼뱅주의 교리에 의하면, "종교개혁 시대의 인간들에게 가장 결정적인 삶의 관심사"였던 "영원한 구원"의 문제에서 신도들은 영원으로부터 확정된 운명을 따라 고독하게 자신의 길을 가는 것 외에 달리 방법이 없었다. **아무도, 아무 것도 '나'(개인)을 도와줄 수 없었다.** 설교자도, 성례전도, 교회도, 심지어 신조차도 도울 수가 없었다.[17] 이 대목에서 베버는 〈나는 과연 선택되었는가, 그리고 나는 내가 선택되었다는 사실을 어떻게 확신할 수 있는가〉라는 문제가 평신도들에게 대단히 중요한 문제로 부상하게 되었음을 짚어낸다.[18] 칼뱅처럼 "다만 신이 결

---

17 베버에 의하면, 신조차 도울 수 없는 것은, "그리스도 역시 오직 선택자만을 위해 죽었으며, 신은 영원으로부터 그들을 위하여 속죄의 죽음을 내리기로 결정했기 때문이다". 베버는 이런 "교회적, 성례전적 구원의 절대적 폐지야"말로 가톨릭과의 절대적이고 결정적인 차이점이며, "유대교의 예언과 더불어 시작되고 헬레니즘의 과학적 사고와 결합되어 모든 주술적 구원 추구 수단을 미신과 독신이라고 비난했던 저 위대한 종교사적 과정, 즉 세계의 탈주술화 과정의 완결"이라고 평가한다. (182-183쪽)

18 예정설이 숙명적 체념으로 귀결되지 않는 이유와 관련하여 베버의 다음 진술은 주목할 만하다. "논리적으로 보면 예정론의 결과로 당연히 숙명론이 연역될 것이다. 그러나 심리학적 결과는 '확증'사상을 삽입함으로써 정반대의 것이 되었다. 선택된 자들은 바로 그 선택 때문에 숙명론에 빠지지 않는다. 그들은 오히려 숙명론적 결과를 거부함으로써 자신들이 "구원 선택 자체에 의해 각성되고 직무에 성실해진 자들"임을 확증한다. 실천적 관심이 연계됨으로써 논리적으로 추론될 수 있는 숙명론적 결과가 단절된다." (280쪽 각주 67)

정했다는 사실을 알고 참된 신앙에서 생겨나는 그리스도에 대한 지칠 줄 모르는 신뢰에 만족"하며 "스스로를 신의 도구로 여기고 자신의 은총 상태를 확신"하는 사람에게는 전혀 문제가 되지 않았지만, 평신도들에게 "은총 상태의 인식 가능성이라는 의미에서 '**구원의 확실성**'이 절대적으로 중대한 의미로 격상"될 수밖에 없었으며, "'선택된 자들'의 일원임을 인식할 수 있는 **확실한 표지의 존재 여부**"가 긴박한 문제로 자리 잡게 되었다.(192-193쪽, 강조는 인용자)

 예정설과 관련하여 이해를 돕기 위해 예시를 덧붙이기로 하자. 인간은 죽을 걸 뻔히 알지만 열심히 산다! 백년 안팎의 수명을 지닌 유한한 존재임에도 인간은 죽지 않고 마치 영원히 살 사람처럼 치열하게 경쟁하고 싸우고 사랑하고 일한다. 또는 학창 시절을 떠올려 보시라. 등수가 미리 정해져 있다고 해서 지레 포기하는 것이 아니라 이런저런 욕망을 끊거나 죽여가면서 열심히 공부해서 원하는 성적을 얻으려고 한다. 이해를 돕기 위한 예시적 비유가 너무 비대해지기 전에 단서를 달자면, 학교성적은 그러나 학교에 다닐 때만, 혹은 시험 준비 중에만 '금욕'을 낳는다. 그저 고만한 수준에서만 금욕할 뿐이다. 그러나 생의 구원이 달린 문제라면 금욕의 수준은 비약적으로 달라질 것이다. 매 순간, 모든 생활 하나하나가 구원의 확증과 직결되어 있다면, 어찌 한 시라도 방심하며 살 수 있겠는가!

 베버는, 구원예정설의 "저 가공할 **긴장**"(201쪽) 속에서 살아야하는 평신도들이 당면한 문제, 즉 "**자신**의 은총 상태에 대한 질문"으로 인해서 실제로 평신도들과 대면해야 했던 목회 실천에서는 두 가지 유형의 목회적 권고가 생겨나게 되었다고 분석한다(194쪽). 첫째는 자신이 선택되었다고 **간주**하고 일체의 의심을 악마의 유혹으로 물리치는 것이 필요하다는 것, 즉 "나날의 투쟁에서 자신의 선택됨에 대한 **주관적 확실성**을 쟁취하는" 강한 자기 확신이 절대적 의무라는 것이고, 둘째는 그러한 자기 확신에 **도달**하기 위해서는 부단한 직업노동이야말로 가장 탁월한 수단이라고 철저히 가르쳐 각인시키는 것이었다. 이렇게 교리가 신자들에게 전파되는 과정에서 생겨난 (비의도적) 영향을 추적함으로써, 베버는 칼뱅주의자들은 자신의 구원의 **확실성**을 '**스스로 창조**'하고, 그러한 창조는 (가톨릭처럼 개별적인 공로를 하나씩 쌓아가거나 루터주의의 감정적 경건성에 의지해서가 **아니라**) 매 순간 선택되었는가 아니면 버림받았는가의 냉혹한 양자택일에 직면해서 행해지는 **체계적인** 자기 **통제**에 의해서 이루어질 수 있는 것으로 변모했음을 밝혀낸다(198쪽, 강조는 베버). 즉, 칼뱅주의적 금욕주의는 구원이라는 초월적인 목표를 지향하는 '성도들'이 자신의 행위를 지속적인 자기 **통제**와 그 행위의 윤리적 효과에 대한 **숙고**의 지배 아래에 두도록 했고(205쪽), 제어되지 않은 **충동적 삶의 쾌락을 근절하고 삶과 생활양식 전체를 체계적으로 철저하게 합리화하도록**(조직적으로 합리화된 윤리적 생활양식을 추구하도록) 자극하고 고무하였다는 것이다. 그 결과, 원래 칼뱅의 가르침과는 달리, "열정적이고 진지한 내면적 인간들은 이제 세속적 직업 생활 **속에서** 금욕주의적 이상을 추구"하게 되었고, 나아가 칼뱅주의가 그 발전과정에서 첨가한 "세속적인 직업 생활에서 **신앙을 확증할** 필요가 있다는 사상"이 퍼져나가게 되었다(209쪽, 강조는 베버).

(3) 현세적 금욕주의와 자본주의 정신의 조응

베버는 칼뱅주의의 예정설이 선결정론적인 것으로서 현세의 운명과 관련된 것이 아니라 예정된(predestined) 것으로서 내세의 구원과 관련된 교리라는 점에 주목하여, 지금 여기에서는 당장 "선택으로 예정된 자의 행위를 통해 그것을 '**확증**'하는 것"(270쪽 각주 37)이 평신도들에게는 윤리적으로 중요했다는 점을 밝혔다. 그리고 그 구명(究明)과정에서 칼뱅주의 신자들은 **자신**의 구원 여부에 대한 **심리적인 확실성**(주관적 자기 확신)을 얻고자 노력하게 되었고, 그것은 **자신의 세속적 직업노동, 즉 소명의 완벽한 실현을 지속적으로 추구함으로써만** 얻어질 수 있다고 여기게 된 과정을 보여주었다. 현실세계를 살아가는 신도들의 입장에서 **구원의 확실성**이란 문제가 **합리적인 주관에 의한 확증**의 문제로 전위되는 과정을 자세히 분석하기 위해서 베버가 사용한 개념이 **현세적(세속적) 금욕주의**이다. 그것은 수도사의 종교적 금욕주의와 대비되는 이념형의 하나다.[19]

구원의 확신을 찾으려는 치열한 욕구는 자신의 운명에 대한 체념이나 무관심이 아니라 심대한 내적 고독감과 불안감을 낳았다. 이런 "심리적 결과"로 인해서 칼뱅주의 신도들은 신으로부터 소명 받은 직업과 노동에 헌신하고, 이로부터 발생하는 이윤을 쾌락이나 향락 또는 경제

---

[19] 베버는 칼뱅주의 교리(종교적 이념)와 자본주의 정신(직업윤리)을 다루면서 교리 그 자체가 아니라 교리적 가르침에서 연유하는 실생활에 대한 영향에서 양자의 연관성을 추적했다. 즉 직접적 연관 관계가 아니라 간접적 매개 관계에 있는 양자를 다루기 위해서 합리적 금욕주의라는 개념을 사용한다. 한편 베버는 수도사의 종교적 금욕주의는 i)평신도 일반이 아니라 종교적 대가만이 수행할 수 있다는 고도의 완전성을 기반으로 삼고 있으며 ii) 수도사의 경제적 활동이 현세 밖의 세계에서 이루어진다는 점에서 '현세적' 금욕주의와 구별했다.

외적 목적을 위해 낭비하지 않고 지속적인 사업에 다시 투자함으로써 신의 영광을 증대시키고자 노력하는 사회학적 결과를 초래하게 되었다. 자신이 구원될 가치가 있다는 증거를 찾는 과정으로서의 삶을 사는 사람들은 **모든 순간**을 책임감을 갖고 활용해야 하며, **늘 긴장을 유지하고 그것을 매번 재충전할 수 있는 능력**을 키워야 했다. 따라서 그들은 자신의 **삶을 장기적으로 계획하고 통제할 수 있는 능력**, 즉 일관성 있는 삶의 체계를 설계할 수 있는 능력을 소유해야만 한다. **체계적으로 금욕적인 삶의 설계를 위해 그들은 모든 인간관계를 사무적이고 합리적으로 조직**하고, 현재의 편안함에 대한 집착이나 쾌락적 욕망을 철저히 억제해야만 한다.[20] 왜냐하면 바로 계획적이고 합리적인 자기 삶의 규제 행위를 통해서만 자신이 신으로부터 구원으로 예정된 존재에 속한다는 것은 내적, 외적으로 확증할 수 있었기 때문이다. 현세적 금욕주의는 신도들이 고독감과 불안감이라는 "가공할 공포로부터의 해방"되기 위해서 수행하는 적절한 일상적 행동 및 사고 양식을 규정하는 윤리관이다. 요컨대, 칼뱅주의 교도는 현세적 금욕주의를 통한 〈자신의 세속적 소명의 완수〉을 〈신의 의지의 실현〉과 동일시하게 된다.

---

[20] 한편, 루터 교도들은 '선택되었다'는 구원의 확신 문제에 대하여 칼뱅 교도보다 관심이 적었다. 이것은 루터교가 영혼 구제에 대해 관심이 덜 했기 때문이 아니라 **루터교가 취한 발전과정에서 교회의 구원기관적 성격이 전면에 등장하게 되었으며, 그 결과로 개인은 교회활동의 대상이 되고, 교회 안에서 안식을 얻게 되었기 때문이다**(271쪽 각주 39)." 이와는 대조적으로 칼뱅주의자들은 참회와 회한이라는 루터교적 감정을 무가치하다고 보았다. 칼뱅주의자들은, 자신의 구원을 확신하는 자에게는 자신이 저지를 죄를 **스스로 고백하거나 자인하는 죄**라는 것은 그저 지체된 발전과 불완전한 구원의 증표일 뿐이라고 생각했다. 그들은 "**죄를 후회하는 대신에 증오하면서** 신의 영광을 위한 **행위를 통해 극복**하려고 했다."(289쪽 각주 92)

그럼, 이런 **현세적 금욕주의와 자본주의 정신은 어떻게 조응**하는가? 근대 자본주의 기업의 목적은 단지 일회적 잉여가치의 생산이나 특정한 이윤율에 대한 만족이 아니라 이윤의 지속적이고 무한정한 극대화이다. 1) 이런 성향은, 구원의 증거를 확인하려는 칼뱅교도가 어떤 특정 상황을 궁극적인 것으로 수용하거나 그것에 순응하는 것이 아니라 현실을 역동적인 개입을 통해 지배하고 개조할 수 있는 실천의 장으로 보기 때문에 칼뱅주의의 소명의식과 연결된다. 2) 또한, 현세적 금욕주의는 욕구의 체계적인 조율을 통한 사치적 소비를 억제시키고, 동시에 이윤추구를 조장한다. 이런 **금욕적인 저축강박관념**은 기업가가 이윤의 증가를, 직접적인 욕구 충족을 위해 소비하는 것을 포기하고 자본의 증식을 위해 지속적으로 재투자하는 행위와 연계된다. 따라서 서구 근대 자본주의를 특징짓는 근본적인 특성 가운데 하나는 엄밀한 회계적 계산에 토대한 **합리화**와 **계획적이고 냉철하게 경제적 성공을 추구**하는 것(99쪽, 강조는 인용자)이며, 베버의 자본주의 정신은 〈세속적 사업을 삶의 핵심적 내용으로 삼고, 자신의 삶을 장기적으로 합리적이고 체계적으로 통제하고 조직하며 자본의 증식을 목적으로 삼는〉 에토스를 말한다. 이에 비춰보면, 성공의 결과를 즉각적으로 소비/향유하는 것은 죄악이며, 인간관계는 사무적이고 비인격적이고 객관적이어야 한다. 한 마디로, 그것은 영리행위를 윤리적으로 정당화하는 정신이다.

이상의 내용을 한 문장으로 정리하면, (앞서 프랭클린의 사례에서 보았던) **소명으로서의 직업관** ➡ **구원의 확신과 금욕주의의 결합** ▶ **합리적인 세속(기업/노동)활동을 통한 구원의 실천적 증명**의 코스가 된다. (물론, 실제 역사적 전개과정은 분석과정과는 역순으로 〈신교의 이념인 칼뱅주의(**종교적 교리**) ➡ 현세적 금욕주의(**윤리적 이념**) ➡ 자본주의 정신(소명 혹은 **직업윤리**)〉의 순서가 된다.) 여기서 주의할 점은, 현세적 금욕주의와 자본주의 정신간의 관계는 논리적으로 필연적인 관계라기보다는 **'선택적 친화력'의 관계**라는 점이다. 다시 말해서 양자는 인과관계가 아니라 **상관관계**라고 할 수 있다. 베버는 프로테스탄티즘 윤리가 자본주의 정신을 의도적으로 창출해 낸 것이 아니라 오히려 자본주의 정신이 종교개혁의 **의도하지 않은 결과**라고 파악한다. 〈실제 역사세계〉는 〈역사서술의 세계〉와는 달리 원인-결과 간의 관계가 이처럼 단순하지도 일면적이지도 않음을 보여주는 사례들로 충만하다. 선한 의도가 반드시 선한 결과를 낳는 게 않으며 좋은 정책이 꼭 좋은 성과로 이어지는 것도 아니다!

4. 이 책의 의의 - 합리성의 역설을 파헤친 고전

(1) 역사와 사회에 대한 일면적 접근을 경계하라

베버(1864~1920)는 마르크스(1818~1883) 사후(死後)에 학문적 활동을 시작했다. 따라서 베버는 마르크스가 제기한 문제가 무엇인지, 그리고 그것이 얼마나 중요한 문제인지를 알고서 학문 활동을 전개할 수 있었다. 즉, '후학'으로서의 이점(利點)을 누릴 수 있었던 베버는 '선학(先學)'인 마르크스가 제시한 이론의 가치와 한계를 누구 못지않게 확실하게 직시할 수 있었다. 물론, 장강(長江)의 뒤 물결이 앞 물결을 밀어내고 덮는다는 것이야 자명한 이치이겠으나 그 뒤 물결의 수질(水

質)은 제 각각이라는 사실을 놓치지 말아야 한다. 마르크스 이후의 학자라고 누구나 마르크스를 넘어서는 인물이 되지 못한다. 마르크스가 주로 서구 자본주의의 경제적 법칙성과 그것의 위기 구조, 종국적인 붕괴 가능성을 분석했다면, 베버는 서구 근대 자본주의의 기원과 성격에 관한 자신의 문제의식을 지속적으로 확대하고 심화해 나갔다. 즉, 마르크스가 착취, 소외와 같은 자본주의의 '병리적 속성'에 주목하여 〈자본주의의 출구〉를 찾으려했다면, 베버는 탈(脫)주술화, 계산 합리성과 같은 자본주의의 '생리적 속성'에 초점을 두고 〈자본주의의 입구〉을 보려고 했다는 점에서 차이가 있다.

후학으로서 베버는, 마르크스의 신념을 수용하지는 않았지만 그의 방법론은 비(非)교조주의적으로 수용했다. 사실, 마르크스도 언제 어디서나 경제가 사회의 모든 양상을 결정한다는 법칙을 제시하지 않았다. 그가 주력한 것은 경제와 다른 사회제도 사이에 존재하는 복잡하며 역사적으로 변화해 가는 관계를 철저하게 탐구하는 것이었다. "나는 마르크스주의자가 아니다"라는 선언은 마르크스의 이런 속내의 표현이었다. 따라서 후학으로서 베버의 마르크스 수용의 특징은 '진짜 마르크스'의 방법과 작업을 거부하는 것이 아니라 그것의 성과를 '놀라운' 것으로 평가했다는 사실이다. 특히 베버는 마르크스의 (노동의 문제⇒계급 분화적 생산관계⇒)**노동-생산 패러다임**을 적극적으로 수용했다. **베버가 거부하고 폄하한 것은 교조적이고 천박한 기계론적 마르크스주의의 망령이지 마르크스의 망령이 결코 아니었다.**[21] 물론, 베버

---

21 1920년 베버가 뮌헨시청에서 슈펭글러와 토론을 하고 나서 제자에게 했다는 다음의 말을 보

는 마르크스가 강조했던 역사에 대한 경제적 해석이 일면적 해석이라는 것까지 부인하지는 않는다. 그럼에도 불구하고, 베버는 다음과 같은 두 가지 점을 고려해야 한다고 단서를 붙였다. 하나는, **일면성은 어떤 관점에서도 피할 수 없는 본질적인 것**이라는 점이고, 다른 하나는 **일면적인 해석이라고 하더라도 거기에는 유용한 통찰력이 들어 있을 수 있다**는 점이다. 베버는 경제적이든, 종교적이든 혹은 그 무엇이든 간에, 어떤 단일한 관점에 근거한 설명은 모두 부분적이고 제한적일 수밖에 없으며 그런 의미에서 일면적 해석이라고 일갈(一喝)한다.

눈 밝은 사람은 여기서 베버의 인식 관점을 엿볼 수 있다. 베버는 역사나 복잡한 사회현상을 총체적으로 파악하는 것은 누구라도 불가능하다고 본다. 그러니, 모름지기 사회 현상은 **여러 관점에서** 접근해야만 한다. 그 어떤 관점이든 하나의 관점으로는 그것에 내재된 일면성을 극복할 수 없기 때문이다. 우리가 살면서 남의 충고, 조언을 구하면서 대화를 하는 이유도 이런 맥락과 맞닿아 있다. 대화의 힘(!)을 생각해 보시라. 대화는 **나만의 생각이 옳다**는 생각은 옳지 않다는 사실을 일깨워준다. 대화에서 나와 같은 생각을 하는 사람을 보면 내 생각이 나만의 생각이 아님을, 또 나와 다른 생각을 하는 사람을 보면 내 생각이 꼭 옳지 않을 수 있다는 것을 깨달을 수 있다. 그러니까, 베버

라: "오늘날의 학자의 정직성을 가늠하는 기준은, 그가 니체와 마르크스에 대해 어떤 평가를 내리는가 하는 것이다. 만약 그가 자신의 학문적 연구의 중요한 부분을 그 두 사람의 업적 없이는 이룩해 내지 못했을 것이라는 점을 인정하지 않는다면, 그는 자신과 남을 속이고 있는 것이다. 오늘날 우리의 정신세계는 거의 전적으로 마르크스와 니체에 의해 그 모습을 갖추게 된 것이다."
(전성우, 『역사사회학』, 68쪽)

의 말을 잘 새겨듣자면, 오로지 다양한 접근방법을 체계적으로 취할 때에만, 사회적/역사적 실재(實在)에 대한 최대한 온전한 지식을 얻을 수 있다는 뜻이 된다. ☞ 총체적 인식의 불가능성을 자각하고 있었기 때문에, 베버는 앞서 말했듯이, 이 책에서는 물론이거니와 자신의 모든 연구에서 늘 연구의 범위, 대상, 방법, 자기주장의 내포와 외연에 대해서 너무 세세해서 집요하다 못해 집착적으로 보일 정도로 방대한 양의 주(註)를 첨부하고, 한계를 분명히 언명한다.

(2) 합리성의 역설! – 합리성의 완성이 빚어낸 비합리적 결과

'주제'의 측면에서 보면, 베버는 처음에 **서구 근대 자본주의**의 **발생** 문제 및 그 **특이성에** 관심을 두었다. 그러다 점차로 근대 과학, 예술, 정치, 법 등 **근대 서구 문명 일반** 또는 **근대성 일반**의 발현과 그 특수성의 문제로 자신의 관심을 확대해 나갔다. 그리고 '역사적 분석'의 측면에서 보면, 근대 자본주의 문명의 발생문제를 일단 '서구적' 역사발전의 틀 내에서 고찰했으나, 점차 유럽 문명에 대한 대안적인 구조와 발전 양식을 찾아 세계사적인 비교 분석의 차원으로 연구 시각을 확대해 나갔다. 이 책 이후로 베버는 근대 자본주의 및 근대 문명의 핵심 문제를 점차 **'합리주의'** 및 **'합리화 과정'**이라는 더 포괄적이고 이론적인 문제로 확대, 심화해 나갔다. 이런 점에서 이 책은 "서구에 특수한 **근대적인 합리적 기업**의 **자본주의**"(112쪽, 강조는 베버)의 기원이라는 '구체적' 문제를 다룬 초기 베버의 학술활동의 출발점인 셈이다.

한편, 그의 학술활동의 귀착점을 이루는 합리성과 관련해서는 합리성을 매우 **복합적이며 역사적인 개념**으로 봐야 한다고 역설했다. 베버에 의하면, 합리주의와 합리성은 사실 모든 문명권에 존재했다. 그리고 각각의 문명권 내에서도 지극히 다양한 삶의 영역들이 합리화되었으며 이 영역들도 다시 "매우 다른 궁극적 관점과 목표 설정 하에서" 합리화되었다. 따라서 하나의 관점에서 합리적으로 보이는 것도 다른 관점에서는 비합리적으로 보이게 된다.[22] 이것은 단지 문명 간(間)에만 그러한 것이 아니라 문명 내(內)에서도 그렇다.[23] 또한 합리주의와 합리화를 누가 주도하느냐에 따라(=사회적 담지자에 따라) 매우 다른 방향과 성격을 지니게 된다. 베버의 이런 논지를 연장하면 어제/오늘의 합리성이 다르고, 인간관계의 합리성이나 교육의 합리성이란 경제적 합리성이나 기업의 합리성과는 다를 수밖에 없다는 점이 분명해 진다.

물론, 합리성, 합리화 과정의 **다양한 역사적 표출 형태**들 가운데, 베버가 자신의 연구 전반의 중심으로 삼은 형태는 바로 '**서구의 합리주의**'이며, 그 중에서도 '**근대 서구의 합리주의**'이다. 이 책도 서구의 근대 합리주의의 특이한 성격을 인식하고, 그것의 역사적인 생성 과정

---

22 어떤 것은 그 자체로서 '비합리적'인 것이 아니라 항상 특정한 '합리적' 관점에서 볼 때 '비합리적'이다. 종교가 없는 사람에게는 모든 종교적 생활양식이 '비합리적'이며, 쾌락주의자에게는 모든 금욕적 생활양식이 '비합리적'이다. 비록 종교적 생활양식과 금욕적 생활양식이 그 자체의 궁극적 가치에서 보면 '합리화'일지라도 그렇다. 이 논문이 기여할 수 있는 게 있다면 그것은 표면상으로만 명백해 보이는 '합리적'이라는 개념을 그 다양성에서 밝히는 일일 것이다. (103쪽 주8). 강조는 베버, 밑줄은 인용자)

23 베버는 세계종교의 **합리화 과정에 대한 가치 판단의 우열(서열)을 매기지 않았다.** 유럽문명의 특정한 합리성 유형도 "보편적 발전방향"을 지녔다는 것이지, "규범적" 의미에서 유럽문명이 "보편타당한 가치"를 지녔다고 말하지 않았다. 또한 **유교문화권에서 자본주의가 발생할 수 없다고 주장한 적이 결코 없다.** 그가 제기한 근본 질문은 왜 근대적 자본주의는 서구에서 역사상 최초로 출현했는가?(이건 부동의 역사적 사실이다!)였고, 그는 이렇게 출현한 자본주의가 다른 문명권에서도 성공적으로 정착할 수 있다고 생각했다.

을 설명하려는 학술 작업의 일환인 셈이었다. 이런 연구 과정에서 베버는 서구의 근대 합리성에는 비합리성이 내재되어 있다는 놀라운 발견을 하게 되었다. 이 책에서도 베버는 "**자본주의는 전통적 경제보다 합리적인 체제로 보이지만 사실은 하나의 비합리적인 욕구, 즉 자본의 지속적 축적에 의해서 지배당하고 있다**"는 것을 지적한다(77-78쪽). 자본주의 경제가 전통적 경제보다 겉으로 보기에는 더 합리적 체제인 듯 보이지만 내면적으로는 하나의 비합리적 욕구에 의해 지배당하고 있다는 것이다. 여기서 "비합리적 욕구"란 "작업하는 동안만이라도 노동 자체가 자기의 절대적인 목적인 양 여기고 직업 노동에 헌신하는 것", "지속적 노동과 이윤증대를 목적 그 자체로 여기는 것", "돈벌이를 인간이 스스로에게 부과한 자기 목적, 즉 '소명'으로 파악하고, 그것을 도덕적으로 칭송할 만하고 심지어는 의무적인 생활양식의 내용으로 간주하는"(86쪽, 95쪽) 사고방식과 생활태도를 말한다.

앞에서 살펴보았듯이, 세속적 금욕주의는 심리적으로 재화의 획득을 좋게 생각하지 않은 전통주의적 윤리에서 해방시키며 이윤 추구를 합법화시켰다. 그뿐 아니라 그것이 직접 신의 의지에 따르는 길이라고 생각하게 함으로써 과거의 윤리라는 질곡에서 벗어날 수 있게 했다. 영리추구 행위에 대한 전통적 비판에서 해방되었지만, 정직한 노동으로 손에 들어온 이익은 "신의 하사품"이었으므로 부에 기대어 휴식을 취하거나 부를 향유-낭비하는 것은 허용되지 않았다. 따라서 이익을 소비하지 않으면서 부는 쌓이게 되고, 축적된 부는 투자자본이 되어 생산에 이용될 수 있게 되었다. 그러나 이익이란 언제나 유혹이다. 부가 늘어나면 늘어날수록 오만과 격정 그리고 온갖 형태로 세속에 대한 애착도 늘어나게 된다. 탐욕이 **직업윤리 속에 스며들게 되는 것이다.** 애초에는 금욕적인 프로테스탄티즘과 단단하게 연결되어 있었던 자본주의 정신은 이런 애착과 탐욕이 커질수록 종교적 외투를 벗어 버리게 된다. 베버의 눈에 비친 자본주의의 전개과정은 직업윤리 속에서 신앙적 뿌리가 **상실되고**, 신의 모습이 **희미해지면서 부, 그 자체가 전면에 크게 부각**되는 과정이었다. 그 과정에서 자본주의 정신은 신의 영광이 **아니라, 단지 더 많은 이익을 위해** 일체의 행위를 합리화하고 그를 위해 전력을 다한다는 세속적 윤리로 변질되었다. 게다가 공리적 현세주의가 출현하면서 신앙에 의해 지탱되어 왔던 직업윤리는 앙상한 잔해만 남고, 그 남은 흔적 위에 계몽주의적 인간중심주의가 연결되면서, 프랭클린이나 스미스가 묘사한 '경제인'이라는 개념이 널리 보급되게 되었다.

이리하여 **오늘날의 자본주의는** "**금욕적인 프로테스탄티즘의 직업윤리에서 그 종교적 기반이 제거**"된 자본주의가 되었다. 이런 자본주의 하에서 기업가는 형식합리성을 가지고 행동함으로써 자신의 상황을 제어하고 자신의 행동 결과를 통제한다. 그러나 자본 증식, 극대화는 모든 기업가의 행위에 합리적인 기준을 제공해 주는 궁극적인 목적이지만, 사실 이 목적 자체는 합리적이지 못하며, 또 합리적 정당화의 대상도 되지 않는다. 자본을 축적하기 위해 노동 결과를 향유하지도 않는 이윤 지향적 행위를 어떻게 합리적으로 정당화할 수 있는가? **합리적/윤리적 사익 추구에서 '합리적 윤리'는 거(去)하고 사익 추구만이 남은 상황이 되었고, 그 결과 인간이 실존적 의미와 인간적 자유를 상실하게 된 상황!** '인간'이라는 주(主)와 '영리행위'라는 객(客)이 서로 전도됨에 따라서 나타나게 된 이런 상황에 대해서 베버는 죽을 때까지 우려를 금치 못했다.

지금 우리가 처해있는 현실이기도 한, 이런 **주객전도라는 합리성의 역설을 빚은 물(상)화의 자본주의** 세계에 대해, 베버는 니체의 표현을 빌려 자신의 생각을 내비친다. 현대의 인간은 "직업인"이 되기를 원하건, 원하지 않건 이제는 선택의 여지가 없이 "직업인"이 될 수밖에 없다. 이런 상황을 놓고 인류는 "전례 없는 단계(즉, 최고단계)에 도달했다"고 오만방자하게 말하는 순간, 인간은 아무런 비전도 가치도 추구하지 않은 "정신없는 전문가, 가슴 없는 향락자"로 전락할지 모른다. 게다가 우리의 세계는 '쇠창살 우리'로 굳어질 수도 있다. 베버는 이렇게 묵시록적인 분위기를 '왕창' 잡아놓고서 이 책에서는 더 이상 자기 생각을 제시하지 않는다. 그것은 "역사적 설명"이 다룰 문제가 아니라 "가치판단과 신앙판단 영역"의 문제이기 때문이라는 학자적 태도를 피력하면서!

이렇게만 말하고 말면, 베버가 마치 비관론에 빠져든 것처럼 보인다. 그러나 신경쇠약으로 고통을 받았을지라도 지성으로 육체적 고통을 이겨낼 의지의 소유자인 베버가 비관론에 경사되었다고 보기는 어렵지 않을까? 사실 그는 책에서 다른 가능성 하나를 더 언급했다. "미래에 이 쇠우리 안에서 살자가 누구인지, 이 엄청난 발전의 마지막 단계에 전혀 새로운 예언자나 혹은 옛 정신과 이상의 강력한 부활이 있을지"라고 가능성을 먼저 제시하고, 〈그것이 실현되지 않는다면〉이라는 전제에서 위 문단과 같은 말을 한 것이다. 그러니까 베버는, **다시 한 번 윤리적 승화를 할 것인지** 아니면 **자본주의적 생활방식의 외적**

강제력에 압도되어서 동물적 처지로 전락할 지의 기로(岐路)에 서 있는 "최후의 인간"인 우리에게 '전락(轉落)이 필연은 아니다'라고 말하고 있는 셈이다. 그렇다면 베버의 속내는 무엇이었을까? 전성우 선생의 연구에 의하면, 베버는 선택은 객관적 상황이 아니라 우리의 주관적 태도에, 마키아벨리의 말을 차용하여 표현하면, 운명이 아니라 역량에 달려 있다고 보았다.

베버는 근대 합리성에는 서로 두 가지 상충되는 면이 존재한다고 이해했다. 〈합리성에 내재하는 **해방 잠재력의 실현** 가능성=사고와 행위의 모든 전통적 구속으로부터의 해방과 그에 바탕을 둔 **인격의 자율성이라는 가치 실현의 가능성**〉과 이 해방의 과정이 잉태하는 〈**사회관계의 물상화와 획일화, 관료화의 위험**〉이 그것이다. 이런 합리성의 〈해방적 잠재력 / 부정적 파괴력〉 가운데 어느 것이 역사를 주도할 것인가 다시 말하면, 해방이 지배의 최소화를 낳을 것인가 지배의 강화를 가져올 것인가? 베버는 그것은 "**모든 희망의 좌절조차도 견디어 낼 수 있는 마음의 견고성**"(전성우, 『역사사회학』, 80쪽), 즉 우리 **개개인의 가치결단**에 달려 있다고 보았다. **내면적 의지의 견고함, 내적 결단**의 힘에 대한 베버의 강조에 눈길을 주건, 주지 않건 간에, 이성과 진보에 대한 확신이 사라지고 역사의 의미에 대해서 그 어느 때보다도 확실성을 결여하고 있는 현대에 발을 딛고 있는 한, 우리는 베버가 『프로테스탄티즘 윤리와 자본주의 정신』에서 제기한 질문에서 벗어날 수 없다. 자본주의적 탈(脫)주술화의 출구가, 놀랍게도 물신화라는 주객전도의 역설적 상황의 입구로 통한다는 사실에 눈을 감아버리면 비정하고 계산적이며 물화된 인간관계에서 벗어날 궁리를 할 도리가 없기 때문이다. 『프로테스탄티즘 윤리와 자본주의 정신』은 이 점을 일깨워 주었다는 사실만으로도 현대의 고전(古典)으로 평가받아 마땅하다.

괴테, 『젊은 베르터의 슬픔』
― 감성의 순교자 베르터의 삶과 죽음

조현천

조현천은
독일 카셀대학교에서 박사 학위를 받았고, 지금은 제주대학교 독일학과 교수로 재직하고 있다. 저서로『토마스 베른하르트의 자서전적 작품에 나타난 저항예술에 이르는 길』과『호흡』,『소멸』,『그 남자의 질투』,『한자』등의 역서가 있다.
cho3624@jejunu.ac.kr

1. 방황하는 근대인 베르터

나는, 나는 정말로 나 자신을 찾지 못할 것 같네!
어디를 가도 나를 당혹하게 하는 것들만 마주치니 말일세.[1]

요한 볼프강 폰 괴테(1749~1832)의 소설 『젊은 베르터의 슬픔』 (1774)은 어디에도 정착하지 못하고 방랑하는 어느 젊은 영혼의 이야기이다. 소설은 베르터가 살던 도시를 떠나온 것으로 시작하여 이 세상을 떠나는 것으로 끝난다. 베르터는 자신이 살던 도시를 떠나 천국같은 자연에서 로테를 만나 사랑에 빠지지만 그 기쁨도 오래 가지 못한다. 로테의 약혼자인 알베르트가 돌아오자 자신이 떠나야 한다고 생

---

* 이 글은 인문학연구 제 15집(2013. 07), 제주대학교 인문과학연구소, 2013. 07, 84-111쪽에 수록된 글임을 밝힙니다.
1 J. W. v. Goethe, *Die Leiden des jungen Werhthers*, Insel Goethe Werkausgabe Bd. 4, Frankfurt am Main 1977, S. 80. 이하 각주를 생략하고 인용문 말미에 쪽수만 기입한다. 괴테, 『젊은 베르테르의 슬픔』, 김재혁 옮김, 웅진씽크빅, 2008, 153-154쪽. 박찬기 옮김, 민음사, 1999판도 같이 참고하였음.

각하기 때문이다. 로테를 다시 보지 않을 결심을 하고 도시로 가서 직장생활을 하지만, 편협하고 고루하며 신분에 의해서 모든 것이 결정되는 현실에 혐오감을 느끼고 사직서를 제출한다. 그 후 알고 지내던 후작의 제안으로 그의 수렵관에서 같이 생활하지만 그 곳 역시 자신이 있을 곳이 아님을 깨닫고 또 떠난다. 그리고 마지막으로 다시 로테 곁으로 돌아가지만 그 사이 결혼한 로테 곁에 머물 수 없다는 사실만을 확인할 뿐이다. 베르터는 또 다시 떠나야 하지만 갈 곳이 없다. 이제 남은 것은 이 세상에서 떠나는 길뿐이다. 이처럼 소설을 관통하고 있는 것은 떠나감의 모티브이다.[2] 그래서 소설에서는 '떠나겠다', '떠나야한다', '나는 떠나야 해', '내가 떠나는 것이 더 나을 것 같다' 등과 같은 말들이 반복적으로 나타난다. 베르터는 왜 이처럼 "방랑자" 내지는 "이 세상의 순례자"(68)로 살다가 스스로 이 세상을 떠날 수밖에 없었는가? 결론부터 이야기하면 이 세상에서는 자신의 "자아를 실현할 자유로운 공간"[3]을 찾을 수 없었기 때문이다.

『파우스트』의 주인공 파우스트는 이 세상과 우주를 지배하고 있는 진리를 알아내기 위해 평생 학문을 연구한 학자이다. 그런데 그는 철학, 법학, 신학, 의학 등 모든 학문을 다 섭렵하고도 자신을 바보라고 생각하고 있다. 학문이란 이성의 산물인데, 이런 이성/학문으로는 세계와 인간의 본질에 이를 수 없음을 깨달았기 때문이다. 진리파악에

---

2 K. Müller-Salget, *Zur Struktur von Goethes Werther*, in, Goethes Werther, hrsg. v. H. P. Herrmann, Darmstadt 1994, S. 317.
3 김수용, 『예술의 자율성과 부정의 미학』, 연세대학교 출판부, 1998, 104쪽.

전혀 도움이 되지 않는 학문의 무용성에 대한 인식으로 인해 파우스트는 자신이 학문에 몰두하던 서재를 "감옥"[4] 내지는 "저주받을 답답한 벽 속의 골방"(18)으로 그리고 또 자신의 서재를 뒤덮고 있는 수많은 서적을 쓰레기 더미에 비유하면서 자신을 "쓰레기 더미를 파헤치며 살아가는 벌레"(25)로 간주한다.[5]

근대에 접어들면서 이성이 중세의 신을 대신하였지만 그 대가로 인간은 정신적 지주가 존재하는 공동체적 삶을 잃어버렸으며, 그 결과 고독하게 스스로 삶의 의미를 찾아야만 할 운명에 처하게 되었다. 이것이 근대인의 운명이라고 할 때 이런 근대인을 대표하는 인물이 바로 파우스트다. 루카치 식으로 표현하면 잃어버린 총체성을 찾기 위해 외로운 여행[6]을 떠날 수밖에 없는 인간이 바로 파우스트이며, 베르터 역시 이런 파우스트와 동일선상에 있는 인물이다.[7] 그런데 파우스트가

---

[4] J. W. v. Goethe, *Faust*, Insel Goethe Werkausgabe Bd. 3, Frankfurt am Main 1977, S. 80. 이하 각주를 생략하고 인용문 말미에 쪽수만 기입한다.

[5] 조현천, 「노력하는 인간은 아름답다」, KBS고전아카데미 편, 『고전의 반역 2』, 나녹, 2010, 366-368쪽.

[6] 같은 책, 362쪽.

[7] 우선 베르터 역시 그동안 유럽인들에게 정신적 지주역할을 담당하였던 종교는 "지팡이" 내지는 "생명수"(78)가 될 수 없음을 명확하게 인식하고 있다. 신을 정신적 지주로 삼고 있는 공동체적 삶이 해체된 후 인간은 삶의 의미와 방향을 찾지 못하고 있다. 이성을 통해 신을 끌어내린 대가로 인간은 삶의 의미와 방향을 상실하였음을 베르터는 다음과 같이 말한다.
"어디에서 와서 어디로 가는지 모르며, 진정한 목표에 따라 행동하는 경우도 드물고 비스킷이나 과자, 회초리의 지배를 받는다."(13)
이성은 인간과 자연에 대해 많은 지식을 가져다주었다. 그러나 그것들이 세계와 우주의 본질을 파악하는 데는 아무런 도움이 되지 않기 때문에 베르터는 이 세상의 모든 일을 하찮기 짝이 없는 것으로 여기고, 돈이나 명예 등과 같은 일에 목숨 거는 사람들을 바보로 생각한다.

신도시 건설을 통해 현실에서 유토피아의 실현가능성을 확인하였다고 한다면 베르터는 현실에 절망하여 죽음을 택했다는 점, 이것이 두 인물의 차이점이다. 그렇다면 파우스트와 동일한 세계에 살고 있으면서 왜 베르터는 죽을 수밖에 없는 것일까?

데카르트는 '나는 생각한다. 그러므로 나는 존재한다'는 유명한 명제로 사유가 자아의 본질임을 논증하였다. 18세기의 베르터 역시 자아에 절대적인 가치를 부여하고 있는 인물이다. 그런데 베르터는 사유, 즉 이성적 성찰의 주체가 아니라 영혼, 즉 감성의 주체로서의 자아를 절대시한다.

> 내 눈 주변이 어둑어둑해지고 내 주변의 세계와 하늘이 오롯이 내 영혼 안에서 사랑하는 연인의 자태로 쉬고 있을 때면, 나는 종종 그리움에 사로잡혀 이렇게 생각한다네. 아 네가 이렇게 가득 차고 이렇게 따뜻하게 네 안에서 살고 있는 것을 다시 표현할 수 있다면, 그것을 도화지에 생생하게 살려낼 수 있다면. 그래서 도화지가 네 영혼의 거울이 될 수 있도록, 네 영혼이 무한한 신의 거울인 것처럼. (9f)[8]

어두워져 주변의 모습을 객관적으로 묘사할 수 없는 상황이다. 따라서 인용문에서 세계와 하늘이 평화롭게 쉬고 있는 연인의 모습이라는 것은 베르터의 마음이 그렇다는 것이다. 중요한 것은 마음이기 때문에 그렇게 느끼는 주체인 '나' (그리고 '나'와 동일한 의미인 '너')가 유난히 강조되어 있다. 이처럼 느끼는 주체에 의해 각인된 것이기에

---

8 김수용, 앞의 책, 158쪽.

자연은 베르터의 영혼의 거울이고, 자연에 의미를 부여하고 있는 베르터의 영혼은 곧 자연을 창조한 신과 동일시되고 있는 것이다. 간단히 말해 베르터는 오로지 감성을 통해 삶의 의미를 찾고자하는 인물이다. 그는 자신의 고유한 본질인 감성을 '가슴/마음'(Herz)이라고 표현하면서 "나의 유일한 자랑거리인 이 가슴이야말로 만물의 원천이자 모든 힘, 모든 행복 그리고 모든 불행의 원천"(67)이라고 밝히고 있다. 이성이 진리파악에 아무런 도움이 되지 못하는 반면 자신의 가슴은 타인과 다른 자신의 고유한 본질이라는 말이다.[9]

이런 사람에게 사회란 어떤 곳인가? 사회란 이성이 만들어낸 질서와 규율이 지배하는 곳이다. 이런 사회에서는 가슴/영혼의 주체로서의 자아의 무한한 자율성은 실현될 수 없다. 그래서 베르터는 사회의 규범이나 규율을 "인간의 활동하고 탐구하는 힘을 가두는 제한"(13)으로 파악한다. 그는 이런 세상을 감옥으로 인식하고 자신을 감옥에 갇힌 존재로 여긴다. 이처럼 사회가 개인의 영혼을 가두는 곳이기 때문에 베르터는 인간의 모든 사회적 활동을 궁극적으로 무의미하다고 생각한다.[10] 달리 말하면 인간의 모든 노력은 궁극적인 목적이 없이 그저 욕구를 충족시키는 데 급급하다는 것이다.[11]

---

[9] 아, 내가 아는 것, 그것들은 다른 사람들도 알 수 있다. 나의 가슴만은 나만이 가지고 있는 것이다.(67)
[10] T. J. *Reed: Goethe*, Oxford 1984, S. 20.
[11] 대부분의 사람들은 살기 위해 일하느라 대부분의 시간을 보내고, 어쩌다가 여분의 자유라도 생기면 불안해서 어쩔 줄 몰라 하며 거기서 벗어나려고 발버둥치는 법이거든. 아, 인간의 운명이란!(11)

이상을 요약하면 다음과 같다. 사회는 이성이 가하는 한계와 제약으로 가득한 곳이며, 아무런 목적도 없이 욕구만 충족시키는 곳이다. 가슴을 신앙으로 생각하는 사람들은 이런 사회에서 자신의 정체성을 찾을 수 없다. 그래서 베르터는 살던 도시를 떠나 자연으로 간 것이다.

2. 발하임 - 자연으로의 도피, 그리고 사랑

> 나는 나의 천국이요 나의 지옥이다.
> (프리드리히 쉴러, 『도적떼』)

(1) 자연으로의 도피

베르터는 발하임을 "말로 표현할 수 없을 정도로 아름다운 자연"(9)이 펼쳐진 천국으로 묘사하고 있다. 조그마한 시골마을인 발하임은 베르터가 머물고 있는 곳에서 걸어서 한 시간 걸리는 곳에 위치한다.

베르터는 어머니의 부탁으로 유산문제를 해결하기 위해 집을 떠나왔다. 어머니의 부탁으로 집을 떠나와 있으면서도 그는 어머니에게 단 한 차례도 편지를 하지 않는다. 그는 어린 시절 아버지를 잃었다. 어머니는 아버지가 사망하자 어린 그를 데리고 고향을 떠나 도시로 이주하였는데, 그는 도시이주로 인해 자신의 삶이 자연과 단절되었다고 생각하고 있다.[12] 그래서 그는 자연과 단절된 사회에서 출세하기만을 바라

---

12 나중에 베르터는 직장생활을 그만두고 로테 곁으로 다시 돌아가기 전에 어린 시절의 고향을

는 어머니에게 정신적인 유대관계를 전혀 느끼지 못한다. 이런 이유로 그는 어머니를 멀리하는 것이다. 그가 살던 도시는 어머니가 있는 곳이기도 하지만 그 외에도 사랑을 잃어버린 곳(애인의 죽음)이며 불편한 인간관계를 경험한 곳(레오노레와의 관계)이기도 하다. 이런 맥락에서 절친한 친구 빌헬름을 제외한 "다른 사람들과의 인연은 나와 같은 사람의 마음을 괴롭히기 위해 운명에 의해 선택된 것"(8) 같다고 한 베르터의 말을 이해할 수 있다. 그래서 베르터는 절친한 친구를 두고 떠나왔으면서도 그곳을 떠나와 정말로 기쁘다고 말한 것이다.

간단히 말해 베르터가 떠나온 세계는 근대 도시이다. 그러니까 베르터는 이성에 의해 인간의 본성이 파괴된 문명사회를 벗어나 자연으로 왔기 때문에 기쁘다는 것이다. 문명과 자연의 이러한 대립구도는 루소에게서 비롯되었다. 주지하다시피 루소는 '자연으로 돌아가라'라는 간단한 명제를 통해 문명의 반대개념으로 자연을 주장하였다. 18세기 볼테르를 위시한 계몽주의자들은 과학적 합리성에 대한 절대적 믿음으로 자연을 정복의 대상으로 삼았으며, 도덕적 향상을 주장함과 동시에 물질적 발전과 풍요로움이 행복의 조건임을 강조하였다. 이런 시대에 루소는 과학과 이성이 최고의 가치가 아니라고 주장한 것이다. 그는 과학과 문명이 오히려 자유로운 존재인 인간을 속박하였다고 하

방문할 때 이런 사실이 명확하게 드러난다. 그는 자연 속에서 소박하지만 행복했던 어린 시절의 고향을 "종교적인 추억이 어린 장소"(66)라고 하면서 고향을 찾아 떠나는 이 여행을 성지순례라고 말한다. 이 사실에서 베르터가 문명을 접하지 않은 어린 시절을 인간성이 아직 파괴되지 않은 성스러운 시절로 인식하고 있으며 이 성지를 잃어버리게 만든 장본인이 바로 어머니임을 알 수 있다.

면서 문명 이전의 상태인 자연으로 돌아감으로써 인간의 본성을 회복할 수 있다고 하였다. 루소의 이런 사상은 프랑스보다 독일에서 더 열렬한 지지를 받았는데, 예를 들면 헤르더는 루소를 "성자요 예언자"로, 그리고 칸트는 "윤리세계의 뉴턴"[13] 으로 추앙하였으며 렌츠는 루소의 소설 『신엘로이즈』를 "프랑스어로 출판된 책 중 최고의 책"[14] 으로 극찬하였다. 베르터의 자연예찬은 이와 같은 루소의 사상을 수용한 것으로 볼 수 있다.

> 자연만이 무한히 풍요로우며, 자연만이 위대한 예술가를 만들어낸다네. 규칙이 갖는 장점에 대해서는 많은 것을 이야기할 수 있겠지. 이것은 시민사회를 칭찬할 때도 마찬가지일 걸세. […] 하지만 모든 규칙은 사람들이 무어라고 말하든 자연의 진정한 느낌이나 자연의 진정한 표현을 망치기 마련일세.(15)

이 인용문을 보면 베르터에게 삶과 예술이 동일한 것임을 알 수 있다. 그는 규칙, 즉 이성과 합리성이 시민사회를 만드는데 지대한 공헌을 하였으며, 법과 예의범절이 사회의 질서를 유지하는데 이바지한 것을 인정하고 있다. 그러나 일체의 규칙은 궁극적으로 "자연의 진정한 느낌이나 자연의 진정한 표현을" 담을 수 없기 때문에 사회에서 개인은 자아를 실현시킬 수 없다고 주장한다.[15] 반대로 이런 사회와 대립

---

13 아르놀트 하우저, 『문학과 예술의 사회사 3』, 염무웅 · 반성완 옮김, 창비, 2012, 154쪽.

14 (재인용) J. Voisine: Von den Wonnen des Gefühls zum Bildungsroman, in, *Goethes Werther*, hrsg. v. H. P. Herrmann, Darmstadt 1994, S. 179.

되는 자연은 구속을 가하지 않음으로써 무한히 풍요롭고, 또 이런 자연 속에서 위대한 예술이 탄생할 수 있다고 말한다. 그래서 베르터는 이곳에서의 생활이 너무나 행복한 나머지 현재 그림을 그리지 못하고 있지만 자신이 지금처럼 훌륭한 화가라고 느낀 적은 없다고 고백한다. 이처럼 삶 자체가 훌륭한 예술이 되는 이런 천국에서는 인간도 자연의 일부가 된다. 그래서 베르터는 자연에서 살아가는 풍뎅이가 되고 싶다고 말한다.

베르터는 평소 정서적으로 늘 불안해하였다. 그의 불안은 이성이 만들어낸 문명사회에서 얻을 수밖에 없는 불안이었다. 그런데 이제 사람을 멀리하고 오로지 자연과 일체가 되어 지내다보니 그의 마음은 아주 편안해진다. 그래서 그는 자신에게 고독이 문명사회에서 얻은 불안한 "마음을 진정시켜 주는 귀중한 진정제"(9) 역할을 하고 있다고 말한다. 자연은 평소 자주 두려움에 떠는 베르터의 마음을 치유해주는 것으로 그치지 않는다.[16] 베르터는 가슴으로 "이 천국 같은 고장"(9) 발하임의 자연을 만끽하면서 신의 현존을 느낀다.

> 자신의 모습에 따라 우리를 창조하신 전지전능하신 분의 존재와 우리를 영원한 환희 속에 띄워주고 감싸주시는 자애로우신 분의 입김을 느끼게 된다네.(9)

---

[15] 자신들의 보잘 것 없는 일, 심지어 자신들의 정열에다가도 멋진 이름을 붙여 놓고서 그게 인류의 증진을 위한 위대한 사업인 양 공표하는 사람들은 누구나 행복하다고 할 수 있겠지!(14)
[16] 만물이 소생하는 청춘의 계절인 봄은 평소 자주 두려움에 떠는 베르터의 마음을 훈훈하게 해준다.

자연이 문명의 반대개념이라고 할 때 자연의 본질은 소박함과 순수함일 것이다. 그러니까 자연이 천국인 이유는 그곳에 소박하고 순수한 인간들이 살고 있기 때문이라는 말인데, 이는 농부가 되고 싶어 하는 베르터의 소망에서 잘 드러난다. 소설의 도입부를 보면 전원생활에 대한 묘사가 가득하고, 베르터는 농부가 되었으면 하는 동경을 내보인다. 그에게 농부의 생활이 안빈낙도를 실천하는 삶으로 보이기 때문이다. 그래서 자신의 마음이 "걷잡을 수 없이 흔들릴 때마다"(16) 이런 농부의 삶을 보면 마음이 진정된다고 말한다.

소박함이 최고의 가치임을 보여주는 에피소드가 또 있다. 화창한 어느 날 오후 우연히 처음으로 보리수나무 아래에 갔을 때 아무도 없는 광장에 4살가량 된 아이가 6개월 정도 된 동생을 데리고 노는 모습을 보게 된다. 이 형제가 앉아 노는 모습에 감동을 받은 그는 자신의 생각을 가미하지 않고 두 아이와 주변의 풍경을 그렸는데도 "짜임새 있는 아주 흥미로운 그림"(15)이 되었다고 이야기한다.

순수함 역시 인간/자연의 본질인데, 그것은 발하임의 어느 미망인의 집에서 일하는 하인의 이야기에서 잘 드러난다. 그는 사망한 남편에게 학대를 받아 재혼할 듯이 없는 여주인을 사모한다. 베르터는 "억제할 수 없는 욕망과 사모하는 뜨거운 심정"(18)이 그렇게 순수하게 표현된 경우를 지금까지 본 적이 없다고 하면서 "젊은이의 순수한 연정과 사랑과 충정"(18)을 "세상에서 가장 아름다운 목가"(17)로 칭송한다. 나중에 로테에게 다시 돌아오자마자 베르터는 우연히 이 하인을 다시 만나 그의 근황을 듣게 된다. 그 사이 여주인을 향한 그의 정열은 걷잡을 수 없는 지경에 이르게 되었다. 그러던 어느 날 그는 "마치 악령에게 쫓기듯"(70) 그녀의 방에 올라가 사랑을 고백하지만 그녀가 받아주지 않자 그녀를 겁탈하려고 한 일이 있었다. 이 일로 쫓겨났지만 그는 여전히 변함없이 "그녀를 사랑하고 존경하고 있다"(71)고 말하는데, 이런 그의 짝사랑을 베르터는 다음과 같이 평가한다.

> 이와 같은 사랑, 이와 같은 지조, 이와 같은 열정은 결코 문학적으로 꾸며낸 것이 아니라네. 이런 사랑은 살아 있네. 이런 사랑은 보통 우리가 교양이 없다거나 거칠다고 말하는 사람들의 계급 안에 더없이 순수한 형태로 살아있다네. 우리 교양인들은 그릇된 교육을 받은 별 볼일 없는 존재일 뿐이라네!(71)

발하임에는 아름다운 자연이 있고, 이 자연을 닮은 순수하고 소박한 민초들이 있으며, 거칠지만 아름답고 진솔한 그들의 삶이 있다. 베르터는 이런 발하임의 보리수나무 밑에 앉아 커피를 마시며 자신이 좋아하는 호메로스를 읽는다. 그런데 사실 전원문학에서 전원생활에 대한 동경은 문명과 도시생활이 주는 속박에서 벗어나고자 하는 소망의 표현이듯이[17] 베르터의 자연예찬 역시 단순히 자연 그 자체에 대한 동경이라기보다는 자신이 살고 있는 세계로부터 도피 내지는 해방되고 싶은 욕구의 표현으로 보아야 한다.[18] 베르터가 자연 속에서 독서를 한

---

17 아르놀트 하우저, 앞의 책, 31쪽.
18 괴테의 또 다른 작품 『빌헬름 마이스터』의 주인공 빌헬름의 경우도 마찬가지다. 소설의 첫 부분에는 연극에 대한 빌헬름의 열광으로 가득하다. 그러나 그것은 예술 그 자체에 대한 단순한 열정이 아니라 자신의 자아의 실현을 가로막고 있는 현실에 대한 저항의 표시이다. 빌헬름은 사회구성원으로서 행해야하는 일을 비천한 노예의 일과로 여기고 있기 때문이다.

다는 것은 사회생활에서 벗어나고자 하는 이런 바람을 반영한 것이라는 말이다.[19] 그렇기 때문에 베르터의 눈에는 시골 소시민들이 겪는 사회적 및 경제적인 고통은 보이지 않는다. 그에게 중요한 것은 문명세계에 대한 혐오 내지는 비판이다. 이런 감정으로 인해 시골주민들의 모습에서 자신이 보고 싶은 대로 순수함과 소박함을 덧칠하고는 이런 모습을 숭배한 것이다. 간단히 말해 베르터가 표상하는 것, 그것이 바로 베르터의 세계이다.[20]

(2) 사랑

도시를 떠나온 지 한 달 남짓 지난 어느 날 베르터는 시골의 수렵관에서 열리는 무도회에 참석하게 된다. 파트너와 함께 마차를 타고 무도회장으로 가는 도중 샤를로테 S라는 아가씨를 같이 태우고 가기로 되어 있었는데, 그녀가 바로 이 소설의 여주인공 로테이다. 베르터는 로테를 처음 본 순간 그녀에게 매료되는데, 그가 본 첫 모습은 다음과 같다.

> 거실에는 팔과 가슴에 핑크 빛 리본을 달고 소박한 모양의 흰옷을 입은, 중키에 자태가 아름다운 한 아가씨를 둘러싸고 두 살에서 열한 살 사이의 어린애들 여섯이 옹기종기모여 있었네. 그녀는 검은 빵 하나를 손에 들고서, 빙 둘러서 있는 어린아이들에게 다정한 미소를 지으며 나이와 먹성에 따라 빵을 떼어주고 있었네.(20)

---

[19] S. Blessin, *Johann Wolfgang Goethe: Die Leiden des jungen Werthers*, Frankfurt am Main 1992, S. 9.
[20] H. A. Korff, *Geist der Goethezeit 1*, Leipzig 1966, S. 297.

이 장면을 베르터는 여태껏 자신이 본 것 중 "가장 멋진 장면"(20)이라고 말한다. 이 장면을 가장 멋지다고 평가한 이유는 다음과 같다. 로테는 가부장적 시민사회가 요구하는 이상적인 여성이다. 그녀는 자신의 가정생활을 "말로 다 표현할 수 없는 행복의 원천"(22)으로 여기고 있다. 돌아가신 어머니의 유언에 따라 동생들을 마치 자신의 자식을 돌보듯이 보살피고 사랑하고, "아내와 같은 성실과 순종의 마음으로"(54) 아버지를 받든다. 가정을 위해 자신을 헌신하는 이런 로테의 모습은 『파우스트』에 등장하는 그레첸의 모습이기도 하다. 파우스트는 병든 어머니를 대신해서 어린 동생을 헌신적으로 키우며 집안일까지 하면서도 아주 행복해하는 그레첸을 "모든 여인의 전형"(77)이요 "온 여성의 자랑거리"(107)라고 극찬한다. 베르터 역시 자상하고 헌신적인 로테를 "정신의 성스러운 꽃봉오리"(53)라고 표현한다. 로테가 이렇게 성스러운 것은 그녀의 품성이 자연의 화신, 즉 감성과 이성이 완벽한 조화를 이루고 있기 때문이다. 베르터는 그녀의 완벽성을 다음과 같이 묘사한다.

> 그토록 총명하면서도 그토록 순박하고, 그토록 꿋꿋하면서도 그토록 자애롭고 그리고 참되게 살아가며 활동하면서도 그토록 마음의 평온을 유지하고 있다네.(19)

단테는 베아트리체를 스쳐가듯이 단 두 번을 보고도 평생 그녀를 사랑하였다. 이처럼 사랑에 빠지는 것은 시간의 문제도 아닐 뿐만 아니라 그 방법도 가지가지다. 그럼에도 불구하고 지적해야 할 문제는 베르터에게 로테의 이런 완벽한 모습이 그녀를 본 첫 날에 이미 각인 되었다는 사실이다. 그러니까 어린 동생들에게 빵을 나누어 주는 로테 의 모습을 보며 자신이 생각하는 이상적인 여성상을 부여한 것이다. 이 는 앞에서 지적한대로 베르터가 자신이 보고 싶은 대로 시골 소시민들 의 삶을 이상화시킨 것과 마찬가지이다. 이렇게 로테의 이미지가 베르 터의 주관적인 이미지에 불과하므로 어쩌면 베르터가 친구에게 "그녀 가 어떻게, 그리고 왜 완벽한지"(18f) 말할 수 없다고 고백하고 있는 것이 당연한지 모르겠다. 어쨌든 무도회에서 자신의 이상형인 로테와 첫 번째 춤을 추고난 후 베르터는 마치 이 세상을 다 얻은 것처럼 너무 나 행복해 한다.

> 나는 더 이상 사람이 아니었어. 이 세상에서 가장 사랑스런 여인을 가 슴에 안고 주변의 모든 것이 보이지 않을 정도로 번개처럼 이리저리 휙 휙 날아다니다니 […] 내가 사랑하여 늘 내 곁에 두고 싶은 그 소녀는 언 제나 다른 사람이 아닌 나하고만 왈츠를 추도록 만들겠다고 맹세까지 했다네. 설사 내가 목숨을 잃는다 해도 말일세.(23)

이 날 이후 베르터는 로테의 집을 자주 방문한다. 이제 로테가 있 는 곳에는 언제나 베르터가 있다. 친구들과 어울려 같이 산책을 가기 도 하고, 로테가 가는 길에 동행이 되기도 한다. 이렇게 하여 베르터에 게 로테는 천사가 되고, 로테가 살고 있는 수렵관은 그의 모든 소망이 담겨 있는 천국이 된다.[21] 우연히 서로의 손가락이 스치거나 식탁 아래

---

21 파우스트가 그레첸의 착한 심성을 성스럽다고 하면서 가난하여 비좁아 마치 감옥 같은 그녀의 집을 '천국'으로 여기는 것과 마찬가지다. 조현천, 앞의 책, 375쪽.

에서 서로의 발이 부딪히기라도 하면 베르터는 전율을 일으키고, 그녀가 말할 때 "그녀의 입에서 나오는 천상의 입김"(36)이 자신의 입술에 닿기라도 하면 "벼락에 맞은 것처럼 쓰러질 것"(36) 같은 느낌을 받는다. 또 그녀가 "천사의 힘을 실어"(36) 치는 피아노의 첫 소절만 들어도 그는 도시문명에서 얻은 "모든 고통과 혼란스러움과 망상"(36)에서 해방된다.

> 게다가 그녀는 그 노래를 칠 시점을 정말 잘 안다네. 내가 머리에 총알을 한 방 박고 싶을 때 치거든. 그러면 내 영혼의 어둠과 혼란스러움은 흩어져 사라지고, 나는 다시 전보다 더 자유롭게 숨을 쉴 수 있다네.(36)

여기서 다시 한 번 지적하고 싶은 것은 베르터의 주관적인 시선이다. 로테는 평소 자신이 좋아하는 곡을 연주하였다. 그런데 베르터는 마치 로테가 죽고 싶어 하는 자신의 심정을 알고 그 시점에 맞추어 그 곡을 연주한 것으로 생각한 것이다. 어쨌든 로테를 만난 이후 베르터는 삶의 보람을 느끼고 인간에게 주어진 모든 행복을 다 누리고 있어 마치 "하느님이 하느님의 성자들을 위해 남겨 놓은 것과 같은 행복한 나날을"(26) 지내고 있다. 그러나 여기까지가 베르터가 누릴 수 있는 사랑이다. 정확히 말하면 베르터의 일방적이고 주관적인 사랑은 끝이 난다. 로테를 알게 된 지 약 한 달 보름 만에 출타 중이던 그녀의 약혼자 알베르트가 돌아왔기 때문이다.

로테는 자연의 화신이다. 이성과 감성이 완벽한 조화를 이룬 그녀와 너무나 행복한 시간을 보내지만 그것은 현실이 배제된 상태의 행복이었을 뿐이다. 알베르트의 등장은 베르터에게 로테가 상상 속의 인물이 아니라 현실 속의 인물임을 일깨워준 것이다. 가부장적 시민사회의 규범 중의 하나가 일부일처제이고, 로테는 알베르트의 약혼녀이다. 그녀를 사랑하지만 일부일처제에서는 그것이 허용되지 않는다. 그러나 단순히 허용되지 않는다는 사실이 중요한 것은 아니다. 문제는 일부일처제의 불합리성 내지는 모순이다. 나중에 결혼한 두 사람을 보며 베르터는 로테에게 알베르트가 어울리지 않는다고 생각한다. 베르터의 판단에 의하면 알베르트는 감수성이 부족하고 그녀가 마음에 품고 있는 모든 소망을 채워줄 만한 인물이 못 되기 때문이다. 그래서 베르터는 자신과 함께 있으면 심장이 하나가 되는 로테가 자신과 결혼했더라면 훨씬 더 행복하리라고 생각하지만, 현실에서는 그것이 불가능하다. 이런 현실을 그는 이해할 수 없는 것이다.

나는 때때로 이해할 수가 없다네, 다른 남자가 그녀를 사랑할 수 있다는 것을. 그녀를 사랑해도 된다는 것을. 내가 이렇게 진심으로, 이렇게 넘치는 마음으로 이렇게 그녀만을 사랑하고 이 세상 다른 그 무엇도 아닌 그녀만을 알고 또 갖고 있는데.(69)

어쨌든 베르터는 로테 곁을 떠나야 한다고 생각하지만 어디로 가야 할 지 몰라 떠나지 못한다. 그리고 약 2개월 후 마침내 로테 곁을 떠날 때까지 베르터의 삶은 지옥이다. 모든 세계로부터 버림받아 혼자라는 느낌에 불안해하고, 아무런 희망이 없는 "암울한 미래를 생각하며 참담한 눈물을"(49) 흘리기도 한다. 그러다 우울증이 심해지면 산에 기

어올라 길이 없는 숲을 헤치며 나아가다가 덤불에 스쳐 상처를 입거나 가시에 찔려 살갗이 찢어지면 기분이 좀 나아지기도 한다. 베르터는 이렇게 무기력한 상태에 빠져있는 자신을 불치병에 걸려 서서히 목숨이 꺼져가고 있는 환자에 비유하면서 비참한 이 상태를 종식시키는 방법은 죽음밖에 없다고 생각한다. 그리고 베르터의 이런 괴로운 심정은 자연에 그대로 투사된다.

> 살아 있는 자연을 향한 이 가슴의 충만하고도 따스한 감정이 지난날엔 나를 온갖 환희로 물들이고 내가 있는 이 세계를 하나의 낙원으로 까지 만들어주더니만 이제는 참을 수 없으리만큼 나를 괴롭히는 박해자, 고통을 주는 악마가 되어 어딜 가나 나를 따라다닌다네.(47)

로테와 사랑에 빠져있을 때는 "생명의 환희"(48)를 느끼게 해주었을 뿐만 아니라 자신을 신적인 존재로까지 생각하게 만들어준 자연에서 베르터는 이제 "영원히 삼키고 영원히 되새김질하는 괴물만을 볼 뿐"(49)이다.

3. 다시 사회로

> 나의 감각은 온통 메말라 버렸습니다!
> 단 한순간도 마음의 충만함을 느낄 수 없고,
> 축복의 시간도 없습니다! 없어요! 정말 없지요!(59)

괴테, 『젊은 베르터의 슬픔』 101

우울증에 시달리며 자살만을 생각하던 베르터는 마침내 직장생활을 열심히 하다보면 나아질지 모른다는 생각으로 로테 곁을 떠나 D시로 간다. 그곳 궁정에서 하급관리로 직장생활을 시작했으나 약 5개월 후에 사표를 제출한다. 베르터가 사표를 제출한 이유가 무엇인가? 그곳은 능력과 재능이 아니라 신분에 의해서만 모든 것이 결정되는 곳이고, 형식과 체면을 중시여기는 곳이요, 오만과 위선이 만개한 곳이며, 오로지 출세를 하기 위해 혈안이 되어 있는 곳이다. 이처럼 이곳에서는 형식, 체면, 지위, 혈통 등과 같은 하찮은 것에 목을 매는 "꼭두각시"(59) 같은 삶만이 가능하다. 베르터는 이런 삶을 "폭풍우"(60)에 비유하고 있다. 그는 "눈과 우박이 창문을 세차게 두드리는"(59) 이런 곳에서 삶의 의미를 전혀 느끼지 못한다.

신분제 사회라고 명명하든 시민사회라고 명명하든 사회란 가슴/마음이 존재할 수 없는 곳이다. 그래서 베르터의 감각은 메마르고 '마음의 충만함'이나 '축복의 시간'은 완전히 사라지고 만 것이다. 이런 곳에서 그의 직장생활이 순조로울 수 없는 것은 당연하다. 직장상사인 공사와의 관계가 점점 더 악화됨에 따라 그는 직장생활을 그렇게 오래 할 수 없을 것 같다는 생각을 하게 된다. 그러던 차에 사건이 발생한다.

베르터는 평소 교분이 있는 C백작의 집에 들렀다가 본의 아니게 백작의 집에서 벌어진 귀족들의 사교모임에 참석한 일이 있었다. 그런데 귀족이 아니라는 이유로 이 모임에서 쫓겨나는 모욕을 당한 것이다. 게다가 평소 베르터에게 호의적이던 B양까지도 다른 귀족들의 눈치를 보느라 베르터를 멀리하고, 백작 역시 같이 어울릴 수 없다는 다른 귀족들의 요구에 따라 베르터를 내보낸다. 베르터는 평소 인격과 학식이 모두 뛰어난 C백작이 보여준 인간적인 신뢰가 답답한 이곳에서 생활하는 자신에게 주어지는 유일한 보상으로 생각하였다. 그리고 귀족인 B양을 "이렇게 갑갑한 생에서도 천성을 잘 유지하고 있는 상냥한 여자"(58)로 평가하고 있었다. 그래서 그는 평소 신분을 짐으로 여기고 소란스러운 세상에서 벗어나고 싶어 하는 "아주 대단한 영혼"(59)의 소유자인 그녀와 소박한 시골에서 행복하게 사는 장면을 꿈꾸기도 하였다. 간단히 말해 그에게 그녀는 로테와 닮은 여인이었다. 그런데 그런 그녀마저도 신분을 의식하여 자기를 외면하자 이런 사회에 대해 분노와 자괴감을 느끼고 죽음을 통해 이런 상태에서 벗어나고자 한다.

> 아, 나는 이 답답한 가슴에 숨통을 틔우려고 백번도 더 단검을 잡았었네. 한 귀한 혈통의 말에 대해 이런 이야기를 들은 적이 있네. 그 말은 너무 지치도록 달려서 체력의 고갈이 극에 달하면 본능적으로 핏줄을 물어뜯어 스스로 숨통을 틔운다는 거야. 나도 그런 생각을 할 때가 많다네, 나도 그렇게 핏줄을 열어 내 자신에게 영원한 자유를 주고 싶다네.(64)

사실 베르테르에게 죽음은 애초부터 영원한 자유에 대한 동경이었다. 로테를 만나기 이전부터 베르테르는 이 세상이 가하는 속박에서 완전히 벗어나는 길은 궁극적으로 이 세상에서 벗어나는 것뿐이라고 생각하고 있었다. 그래서 속박을 받고 있는 이 세상에서 가슴 속으로는 "늘 자유의 달콤한 감정을" 느끼는 사람을 행복한 사람이라고 말한다. 왜냐하면 "자기가 원하기만 하면 언제든지 이 감옥에서 탈출할 수 있다는 것을"(14) 알고 있기 때문이다. 그러나 베르터는 자살 대신 사표를 던진다. 그런데 사표는 사회적응 실패가 아니라 저항행위로 읽힐 수 있다. 그것은 가슴이 허용되지 않는 답답한 사회에 대한 단호한 거부의 표시이기 때문이다. 발하임으로 간 것도 마찬가지다. 이런 사회에 대한 저항으로 일체의 사회생활을 거부하고 발하임(자연)으로 갔던 것이다.

베르터가 사표를 내자 알고 지내던 후작이 자신의 장원에 가서 같이 지내자는 제안을 한다. 후작의 "성품이 진실하고 소박해서"(67) 베르터는 후작과 잘 지낼 수 있으리라고 생각하고 그를 따라 가지만 얼마 지나지 않아 그곳을 떠난다. 베르터가 자신의 정신과 재능을 높이 평가하며 환대해준 후작의 수렵관을 떠난 이유는 아주 간단하다. 두 사람 사이에는 공통점이 없었기 때문이다. 후작은 지적이며 예술에 대한 감각도 있다. 그러나 그와 사귀는 것을 베르터는 "잘 써놓은 책을 읽는 것보다"(68) 나을 게 없다고 하면서 두 사람의 차이를 다음과 같이 설명한다.

> 내가 가장 참을 수 없을 때란 바로 내가 온갖 상상력을 동원해서 그를 자연과 예술의 세계로 이끌려는데 그가 갑자기 뭔가 대단한 일이라도 하는 것처럼 학술용어를 들이 댈 때라네.(68)

가슴으로 사는 그에게 머리로 사는 후작의 태도가 견딜 수 없었다는 것이다.

이상을 요약하면 다음과 같다. 가슴으로 사는 베르터는 자신의 의식과 내면의 진실에 따라 판단하고 행동하는 인간이다. 개인의 판단과 감정능력을 존중하는 이런 근대적 휴머니즘에 바탕을 둔 베르터의 사상은 신분사회, 속물근성, 경직된 계몽주의를 반대하고 정신과 재능이 인정되고, 모든 인간이 평등한 사회를 주장하는 것이다.[22]

4. 자살 혹은 가슴을 위한 순교

> 그는 우울한 사람이 되어갔으며 점점 더 불행해졌고,
> 또 불행해지면 질수록
> 그만큼 더 상식에서 어긋나는 행동을 보이기 시작했습니다.(84)

파우스트는 우주와 세계의 근원을 꿰뚫어보는 신적인 존재가 되기를 갈망하는데, 이런 파우스트에게 메피스토펠레스는 "소우주 선생"(55)이라고 빈정거린다. 메피스토는 철저한 현실주의자이다. 이 세

---

[22] 『젊은 베르터의 슬픔』을 "지배세력의 권위에 대한 저항의 상징"(P. Boerner, *Johann Wolfgang von Goethe*, Reinbek bei Hamburg 2004, S. 40)으로 보는 견해에 많은 비평가들이 동조하고 있다. 대표적으로『젊은 베르터의 슬픔』가 발표된 1774년을 독일문학사뿐만 아니라 세계문학에서 아주 중요한 해로 규정하고 있는 루카치를 들 수 있다.(G. Lukács, *Die Leiden des jungen Werther*, in: ders., Deutsche Literatur in zwei Jahrhunderten, Neuwied und Berlin 1964, S. 53.) 그는 베르터를 시민혁명을 준비하는 과정에서 탄생한 새로운 인간으로 극찬한다. 시민사회로 발전해가는 도중 신분사회와 귀족사회의 속물근성에 맞서 민중의 생산적인 생명력과 인간의 평등을 주장하다 비극적인 파멸을 맞이하는 새로운 인간 유형이라는 것이다. 토마스 만 역시 혁명적 성향을 거론하며 이 소설이 프랑스 혁명을 예고하고 준비한 많은 책들 중 하나임을 지적하고 있다.(Th. mann, *Goethe's Werther*, in: ders: Gesammelte Werke Band IX, Frankfurt am Main 1974, S. 653f.)

상에 주어진 것을 즐기는 것이 우리의 인생이라고 믿는 그에게 절대진리를 추구하는 파우스트의 행위는 그야말로 "미친 짓"(15)에 불과할 뿐이다.[23] 베르터의 행동 역시 마찬가지다. 그러나 파우스트와는 달리 베르터는 실제로 미칠 지경에 이르러 자살을 행한다.

후작의 장원을 떠나면서 베르터는 로테 곁으로 가기로 마음먹는다. 삶에 지친 그에게 그녀는 삶의 의미를 느끼게 해준 유일한 존재였기 때문이다. 그 사이 로테는 결혼하였다. 로테 곁으로 돌아왔지만 자신이 그토록 사랑하는 로테를 눈앞에 두고도 가질 수 없음에 절망한다. 이 절망을 그는 가슴에 뚫린 "끔찍한 구멍"(75)으로 표현하고 있다. 이 구멍을 메울 길이 없어 차라리 영원히 깨어나지 않기를 바라며 잠자리에 들지만 아침에 눈을 뜨고 태양을 바라보며 비참함을 느끼는 생활을 반복한다. 이런 베르터의 운명을 암시하는 에피소드가 있다. 로테에게 다시 돌아온 후 베르터는 어느 날 산책길에 겨울에 애인에게 줄 꽃을 찾아 헤매는 미친 남자를 만난다. 베르터는 나중에 이 남자가 로테의 아버지 밑에서 일하던 서기였으며, 로테를 향한 연정 때문에 미쳤다는 사실을 알게 된다. 미쳐서 자기 자신에 대해 아무 것도 모르던 시절을 행복했다고 자랑삼아 이야기하는 이 남자를 생각하며 베르터는 이 남자의 정신착란 상태를 부러워한다. 그러면서 "분별력을 갖기 전이나 분별력을 다시 잃은 버린 후가 아니면"(81) 행복해질 수 없는 인간의 운명을 한탄한다.

로테 곁으로 돌아온 지 약 5개월 정도 될 무렵이 되면 베르터의 상

---

[23] 김수용, 앞의 책, 107쪽.

태가 아주 심각해졌음을 알 수 있다. 온통 로테에 대한 생각 때문에 괴로운 나머지 음식도 제대로 먹지 못할 뿐만 아니라 숨이 막혀 죽을 지경에 이르기도 한다. 광기가 발동하여 가슴을 갈가리 찢기고 목을 짓누르는 느낌을 받게 되면 그는 한 밤중이라도 뛰쳐나가 헤매고 다닌다. 어느 날 밤 11시가 넘었을 때 바위 위에 서서 달빛을 받아 노호하며 소용돌이치는 물결을 바라본다. 그는 강물이 범람하여 계곡이 호수가 되어버렸다는 망상에 사로잡힌다. 윙윙대는 바람소리 속에서 "달이 다시 나타나 검은 구름 위에 뜨고"(89) "너무나 찬란한 달빛을 받은 홍수의 물결이 일렁대며 쏴아 소리를"(89) 질러댈 때 알지 못하는 그리움을 그를 엄습해 강물 속으로 뛰어내리고 싶은 충동을 느낀다. 그러면 그는 고통과 번민이 휩쓸려 내려가는 기쁨에 잠기고, 세상에 갇혀있는 자신의 영혼도 언젠가는 저런 기쁨을 맛볼 수 있으리라고 다짐한다.

> 나 정말로 이 한 목숨을 버려서 저기 저 폭풍우가 되어 구름 떼를 갈가리 찢어버리고 강물을 낚아채고 싶다네! 아아! 어쩌면 감옥에 갇혀버린 이 영혼도 언젠가 저런 기쁨을 맛보지 않을까?(89)

이제 그는 이 고통에 종지부를 찍을 생각만 하게 된다. 베르터가 자살하기 며칠 전 그의 운명을 암시하는 사건이 발생한다. II장에서 언급한 하인이 여주인과 그녀의 애인을 살해한 것이다. 그는 자신이 그토록 사랑함에도 불구하고 그녀가 다른 남자를 맞이하려고 하자 두 사람을 살해하였는데, 그는 베르터에게 그 이유를 "어떤 남자도 그녀를 가질 수 없고, 그녀 역시 어떤 남자도 가져서는"(86) 안 되기 때문이었다고 말한다. 베르터는 이 남자의 살인은 "사랑과 신의"(86) 때문에 발생한 것이므로 무죄라고 호소한다. 그러나 사회는 이 남자의 살인행위를 용납하지 않는다. 자신의 처지도 충분히 비참하고 절망적인데, 이 남자를 구할 수 없음에 더 절망한 베르터는 "그만큼 더 고통과 무위의 상태 속으로 빠져"(88)든다.

> 자넨 목숨을 구할 수가 없네, 불행한 사람아! 우리가 목숨을 부지할 수 없다는 걸 난 잘 알고 있네.(87)

'우리'라는 말을 통해 알 수 있듯이 베르터는 자신과 이 남자의 운명을 동일시한다. 법과 질서를 주장하며 개인의 권리, 즉 개인의 순수하고 진솔한 마음을 허용하지 않는 사회에서 베르터 역시 자포자기한다. 자살하기 하루 전날 그는 신변을 정리하고 마지막으로 로테를 찾아간다. 그는 로테의 부탁을 받고 자신이 번역한 오시안의 노래를 낭독해주는데, 다음은 사랑하는 애인을 잃고 슬픔에 잠긴 콜마가 언덕 위에 혼자 앉아 노래하는 구절 중 일부이다.

> 밤이 찾아왔네! 나는 폭풍우 휘몰아치는 언덕에 홀로 버려져있네. 바람은 산속에서 윙윙대고, 물결은 암벽을 내달리며 울부짖네. 어느 오두막도 빗줄기로부터 나를 감싸주지 못한다네. 폭풍우 휘몰아치는 언덕에 버려진 나를.(98)

다음 날 베르터는 하인을 시켜 알베르트에게 여행을 간다고 하면서 권총을 빌려오게 하였는데, 하인은 로테가 권총을 꺼내주었다는 말을 한다. 이 날이 크리스마스이브 전날이다. 죽기 직전 로테에게 남긴 편지에서 그는 다음과 같이 말한다.

> 당신을 위해 죽는 그 행복을 내가 누릴 수 있다면야! 로테, 당신을 위해 나를 바칠 수만 있다면야! 당신이 당신의 생의 평온과 기쁨을 다시 찾을 수만 있다면 나 기꺼이 용감하게, 기쁘게 죽을 수 있겠지요. 그러나 아! 사랑하는 사람들을 위해 자신의 피를 흘리고, 자신의 죽음으로 친구들에게 새로운 수백의 생명을 피어오르게 하는 것은 오로지 고귀한 몇몇 사람들에게만 주어진 권한인 것을.(110f)

저녁에 빵과 포도주로 식사를 하고 밤 12시에 로테가 건네준 권총으로 목숨을 끊는다. 크리스마스, 빵과 포도주라는 말에서 알 수 있듯이 베르터의 자살이 단순히 절망으로 인한 고통을 종식시키려는 행위가 아니라는 말이다.[24] 베르터에게 로테는 존재의 이유였다. 따라서 로테가 넘겨준 권총으로 죽었다는 것은 그의 죽음이 존재의 정당성을 증명하기 위한 순교였다는 의미일 것이다. 그래서 그는 자신의 죽음을

---

[24] J.-J. Anstett: Werthers religiöse Krise, in, Goethes Werther, hrsg. v. H. P. Herrmann, Darmstadt 1994, S.171. 죽기 직전에 베르터가 로테에게 남긴 편지가 이를 뒷받침한다. "내가 사라질 수 있겠어요? 당신이 어찌 사라질 수 있겠어요? 우리가 이렇게 존재하는데.[…] 죽는다는 것! 무덤! 나는 이런 말들을 모릅니다. […] 정말 의심의 여지없이 처음으로 내 마음속 가장 깊은 곳까지 환희의 느낌이 활활 타올랐습니다. 그녀는 날 사랑한다! 그녀는 날 사랑한다! […] 지금 꿈을 꾸거나 망상을 하고 있는 게 아닙니다. 무덤에 가까이 갈수록 모든 게 더 뚜렷해지는군요. 우리는 존재할 것입니다. 우리는 다시 만날 것입니다."(104-106)

괴테, 『젊은 베르터의 슬픔』

통해 사람들은 가슴의 존재를 깨닫게 되리라고 확신하면서 행복하게 죽어간 것이다.[25] 그는 로테에게 로테가 만져 성스러워진 옷을 입은 채 묻히고 싶다는 것과 베르테르의 생일날 로테가 선물해 준 분홍색 리본도 같이 묻어달라는 말을 남긴다.

5. 나오는 말

> 사람이 원한 것이 곧 그의 운명이고,
> 운명은 곧 그 사람이 원한 것이다.
> (프리츠 오르트만, 『곰스크로 가는 기차』)

베르터는 1772년에 사망하였다. 그러니까 대충 1740년대 말부터 1770년대 초까지 산 인물이다. 18세기 유럽은 계몽주의 시대였다. 이성과 합리성이 전통과 인습으로부터 인간을 해방시키고 과학과 기술의 발달을 가져왔으며 질서와 규칙을 내세움으로써 세상은 이전에 비하면 상상도 할 수 없을 정도로 개화되었음은 부인할 수 없는 사실이다. 그럼에도 불구하고 이성은 삶의 초월적 의미를 잃어버리게 만들었을 뿐만 아니라 인간은 사회에 더 구속됨으로써 자율적인 개체로서의 삶은 아득하게만 느껴지게 되었다. 이런 시대에 베르터는 가슴을 통해 자율적인 개체로서의 삶을 실현할 수 있다고 믿었던 인물이다.

---

[25] 베르터의 사랑은 단순히 로테를 향한 사랑이 거부당한 불행한 사랑의 이야기가 아니라 가슴이 있는 세상을 향한 불행한 사랑의 이야기이다. H. A. Korff, a.a.O., S. 296.

베르터가 "로테에게 약혼자가 있음을 알고도 사랑을 멈추지 않은 것도, 사회적 신분상승의 기회일 수 있었던 궁정관리직을 단숨에 버린 것도, 자신을 환대해준 후작의 장원을 떠난 것도 그리고 결국 "자신의 행복을 실현할 수 없는 현실과의 결별을 결정한 것도"[26] 인간 개인의 정체성의 근거인 가슴의 존재를 이 세상에 전파하기 위함이었다. 그러나 베르터는 이 세상에서 자신의 믿음이 박해당할 것을 잘 알고 있었다. 그래서 베르터에게 삶은 고통의 연속이었다. 이런 자신의 고통을 베르터는 예수의 고통에 비유하였다.[27] 예수처럼 그 역시 죽음을 두려워하지 않고 당당하게 받아들였다는 점을 상기한다면 그의 자살은 가슴이라고 하는 절대적 자아를 위한 순교로 해석될 수 있다.

---

[26] 탁선미, 「자기애와 세계상실 - 괴테의 '젊은 베르테르의 슬픔'」, 『인문학 연구 제 5집』, 한림대학교 인문학연구소, 1998, 146쪽.

[27] J.-J. Anstett, a.a.O., S.168.

에르네스트 르낭, 『민족이란 무엇인가』
― 우리는 민족을 선택할 수 있는가

정희준

정희준은
미국 미네소타대학교에서 박사 학위를 받았고 연세대학교 신문방송학 박사 과정을 수료했다. 지금은 동아대학교 스포츠과학부 교수로 재직하면서 스포츠칼럼니스트로 활동 중이다. 『미국 신보수주의와 대중문화 읽기:람보에서 마이클 조든까지』(공저), 『스포츠 코리아 판타지:스포츠로 읽는 한국 사회문화사』, 『어퍼컷:신성불가침의 한국 스포츠에 날리는 한방』 등의 저서가 있다.
chunghj@dau.ac.kr

인문사회 분야에서 가장 정의 내리기 어려운 개념으로 세 가지를 꼽는다면 그것은 바로 문화, 포스트모더니즘 그리고 민족일 것이다. 그 중 민족에 대하여 프레드리히 헤르츠는 내셔널리즘 즉, 민족에 대한 정의는 내셔널리즘을 연구하는 학자의 수만큼 많다고 한 바 있다. 정의 내리기 어려운 것만이 아니다. 복잡하다. 민족주의의 복합성은 그에 대한 연구를 어렵게 한다. 특히 열광적 민족주의의 경우 그 기원과 생성과정을 이론적으로 설명하는 것은 난망한 작업이다. 민족주의 연구의 대표적 학자 겔너(Gellner, 1983)는 특정한 종류의 내셔널리즘, 특히 히틀러와 무솔리니 시대의 내셔널리즘이 왜 그토록 맹위를 떨쳤는지에 대해 이론적으로 설명이 어렵다고 실토하기도 했다.

그래서 앤더슨(Anderson, 1983)의 『상상의 공동체』의 가치는 더욱 돋보인다. 그는 내용의 많은 부분을 문학이론, 비평, 인류학, 미디어론 등 그때까지의 내셔널리즘연구 분야에서는 주변화 된 영역에서

---

* 본 원고의 1과 3은 일종의 해제로서 필자의 논문 「민족주의의 진화: 스포츠, 그리고 상업적 민족주의의 만남」(『스포츠사회학회지』 24(4), 2011)에서 요약, 발췌한 것임을 밝힙니다.

가져왔다. 이를 통해 내셔널리즘 연구를 정치라는 협의에서 해방시켜 언어, 문화, 미디어, 표상의 문제로 확장시켜 내셔널리즘에 대한 이해의 지평을 넓힌 것이다.

여기에서 중요한 것은 해당 사회의 특수성에 주목하면서 일반화의 오류를 제거해야 한다는 점이다. 특히 민족주의에 대한 이해는 당연히 그 민족의 지리적, 역사적 특수성에 대한 이해가 전제되어야 한다. 그 개별성에 주목하여 구체적으로 고찰하고 비교하며 그 본질을 추출해야 한다는 것이다(이효덕, 2010). 귀납적이고 경험적인 방식으로만 이해할 수 있는 것이 바로 현실에서의 민족이라고 홉스봄(Hobsbawm, 1994)이 말한 것도 그러한 이유에서다.

그렇다면 우리가 에르네스트 르낭(Renan, 1882)의 『민족이란 무엇인가』에 주목해야 하는 이유는 무엇인가. 우선 앞에서 언급된 학자들이 20세기 들어 주장한 논리나 이들의 연구 태도를 선구적으로 제시한 인물이 바로 19세기의 인물 르낭이다. 두 번째로 그가 이 책에서 미래 유럽의 모델로, 방향으로 제시한 것들은 모두 현실이 되었다. 지금의 EU가 바로 그것이다. 그는 논쟁적이면서도 선구적이었다. 그의 예지력은 놀라울 정도다. 특히 한국처럼 민족주의가 때로 과잉상태로 치닫는 사회에서 르낭의 통찰은 우리 스스로를 이해하고 미래 방향을 가늠하는 데 분명 도움이 될 것이다.

1. 민족/주의

(1) 민족주의 연구

민족에 대한 정의는 크게 둘로 나눌 수 있다. 우선 원초론(primordialism)에 입각한 민족과 근대론에 입각한 민족이다. 우선 원초론은 민족을 동일한 인종적, 지역적 기원을 가진 집단으로 본다. 여기서의 민족은 역사적 운명뿐 아니라 조상, 언어, 종교, 생활양식 등의 문화적 전통, 즉 원초적 유대에 기반 해 성립된 것으로 '문화민족' 개념에 뿌리를 둔 '객관주의적 민족이론'에서 발전했다(임지현, 2003). 그런데 특이한 것은 우리가 많은 국가에서 목격하듯 민족의 범위가 국민의 범위와 반드시 일치하지는 않는다는 점이다(신기철·신용철, 1989). 한국의 경우 하나의 민족이면서도 현재 두 국가로 나뉘어 있고 또 많은 한국인들이 해외로 이주해 그 나라의 '국민'이 되었지만 '한민족'으로서의 정체성을 유지하고 있기도 하다. 이는 민족 내지는 민족주의 연구가 생각 이상으로 복잡하다는 것을 암시한다. 결국 원초론은 2차 세계대전 종전 이후 엄청난 비판에 직면한다.

원초론에 반해 민족을 근대화의 부산물로 보는 도구론적 민족 개념이 바로 이러한 고민을 해결할 가능성이 있는 이론적 근거로 등장했다. 민족 개념은 18세기 말 이후 유럽에서 등장한 것으로 민족주의란 결코 원초적이지도, 영원하지도 않은 존재로 실상은 근대화와 도시화라는 역사적 상황 속에서 생성된 이데올로기라는 것이다. 민족이란 객관적 혈통을 공유하거나 태고적부터 존재했던 원초론적인 것이 아니라 그 실체를 확정할 수 없는, 단순히 그렇게 믿는 사람들의 집단이자

(사토 시게키, 2010a), 이미지로서 마음에 그려진 상상의 정치공동체일 뿐이라는 것이다(Anderson, 1983).

인종이나 언어보다는 개인의 의지와 선택이 더 중요하다는 이 이론은 개인주의와 민주주의에 보다 적합한 개념(Renan, 1882)이면서 프랑스대혁명이 촉발시킨 근대적 민족주의로서 민족성원의 주관적 의지가 민족을 만들어냈다고 설명한다(임지현, 2003). 도구론적 민족 개념은 여기서 좀 더 나아가 종족적 민족론과 정치시민적 민족론으로 분류하기도 한다. 전자는 집단적 공통성을 강조하며 개인의 선택이 전혀 없는 것으로 본 반면 후자는 구성원 간 평등한 정치적 시민적 권리 및 동일성을 기반하고 있고 민족 정체성은 선택의 문제라고 본 것이다(권혁범, 2009). 이는 민족 정체성이 개인의 의지와 선택의 문제라고 주장한 르낭의 주장과 맥을 같이한다.

앤더슨(1983)에 따르면 결국 이 분야의 오래된 논쟁은 이것이 고대로부터 존재해 온 원초적 실제인가 아니면 근대 자본주의 발전과정에서 생겨난 역사적 구성물인가에 관한 것이다. 19세기부터 다양한 학자들에 의해 원초론과 도구론이 대결해왔는데 2차 대전 종전 직후 원초론이 대대적인 비판을 받기 시작했고 이후 많은 학자들이 도구론의 손을 들어주게 된다. 1983년 민족연구분야의 기념비적 저서 『상상 속의 공동체』를 출간한 앤더슨은 민족이란 왕조국가 쇠퇴 후 자본주의 발전과정에서 생성된 역사적, 문화적 조형물이라며 후자의 손을 들어준다. 민족주의 연구의 또 다른 대가인 어네스트 겔너 역시 "민족주의는 민족들이 자의식에 눈뜬 것이 아니다. 민족주의는 민족이 없는 곳에 민족을 발명해낸다(Anderson에서 재인용, 25쪽)"며 앤더슨의 주장과 궤를 같이 한다.

(2) 민족주의 비판

그런데 민족, 그리고 민족을 중시하는 집단 이데올로기인 민족주의는 그 도구적 특성으로 인해 몇 가지 불온한 혐의를 받는다. 신권과 왕권의 약화, 그리고 프랑스혁명의 여파는 새로운 방식의 통치를 필요로 했다. 적극적 민족의식이나 민족에 대한 충성을 뜻하는 애국주의는 '하나됨'을 조장하는 적절한 집단 이데올로기였고 효율적 통합기제였다. 이를 통해 '우리'와 '그들'을 가르는 계급 구분을 은폐하고 사회 구성원의 수직적 통합을 정당화 시킬 수 있었다. 민족주의는 통치 기제였을 뿐 아니라 계급갈등을 차단하는 효율적 도구였던 것이다(김영한, 1994).

두 번째 혐의는 민족주의가 손쉽게 국가주의로 전환되어 각기 다른 다양한 개인들을 '국민'이라는 국가 중심적 틀에 가두어 획일적 집단주의 내지는 전체주의로 나아간다는 점이다. 한국의 경우 북한의 남침 위협, 일본과의 독도 및 교과서 분쟁, 국제스포츠대회 등을 내세워 국민을 위협하기도 하고 다른 한편 들뜨게도 하면서 국가 권위에 순응케 하고 집단적 사고와 행동을 강요하기도 했다(강권찬, 2002). 이는 결국 세 번째 혐의인 국수주의와 파시즘으로의 진화 가능성으로 연결된다. 때로 민족주의는 원초적 감정에 호소하면서 반유대주의 같은 국수주의를 낳아 이성의 시대로 믿었던 20세기 중반 700만 명의 유대인을 학살하는 비극에 이르기도 하고 이탈리아의 파시즘과 일본의 군국주의를 촉발시켜 세계대전이라는 전 지구적 처참을 초래하기도 했다.

사실 20세기 수차에 걸친 전 지구적 민족주의의 발흥은 많은 국제적 분쟁과 전쟁을 초래했다. 20세기 초반 유럽에서의 민족주의 부상이 두 번의 세계대전을 촉발시켰고 2차 대전 종전 후엔 아시아와 아프리카의 많은 국가들이 민족주의의 고조와 함께 독립했지만 동시에 혼란에 빠져야 했다. 세계대전이라는 비극이 막을 내리자 20세기 중반 이후 유럽에서는 내셔널리즘의 시대는 끝났다고 판단하기도 했다. 세계대전의 종전은 결국 파시즘의 붕괴로 이어졌고 종전 직후 제3세계의 민족주의 독립운동의 발흥도 근대화 과정에서 불거지는 과도기적 현상으로 이해했을 뿐 일단 근대화에 진입한 사회에서는 두 번 다시 일어나지 않을 것으로 보았던 것이다(사토 시게키, 2010a). 그래서 '민족주의의 종언(구로미야 가즈모토, 2010a, 475쪽)'을 예측하기도 했다. 그러나 이러한 믿음은 곧 위기에 처하게 된다. 1990년대 미국과 소련에 의한 냉전체제가 해체되면서 구소련과 동유럽에 민족주의의 광풍이 일어나 또다시 엄청난 혼란과 희생을 치르게 된 것이다.

이 같은 민족주의에 대한 비판의 역사는 상당히 길다. 피터 비렉은 민족주의 이론의 원조라 할 수 있는 독일의 피히테(Fichte, 1762~1814)의 『독일국민에게 고함』(1806)을 '나치즘의 원류'로 규정(사토 다쿠미, 2010)하기까지 했고 사카이 나오키(2010)는 군국주의 일본 하에서 다나베 하지메가 『종의 논리』라는 논문집을 통해 강조한 국민주의가 결국 대동아공영권의 근거가 되었다고 평가했다. 그래서 과학철학자 칼 포퍼는 억압, 폭력, 전쟁 등의 재앙을 불러오는 민족주의는 인류악이고 우리들로 하여금 불관용, 공동체 이기주의, 오만한 조국애, 인종우월주의, 대량학살을 정당화하게 했다고 주장했다. 민족주의는 '이성에 대한 반항'이고 부족 본능, 격정과 편견을 불러일으켜 자유로운 토론의 장으로서의 '열린 사회'를 종식시킨다는 것이다(오시무라 다카시, 2010, 431쪽).

물론 다양한 주장이 엇갈린다. 도구론에 입각한 이러한 근대주의적 시각에 반하여 홉스봄(Hobsbawm, 1994)은 20세기 말, 민족과 민족주의는 황혼기에 접어들고 있을 뿐 아니라 민족주의는 이제 그 힘을 잃어가고 있다고 주장하기도 했다. 그러나 코너에 따르면 네이션은 근대화나 글로벌화에 의해 그 힘을 잃어가는 게 아니라 오히려 더욱 강력해지고 있다. 게다가 이제는 독자적으로 힘을 발휘하는 존재가 되어 국가에 종속되지 않을 뿐 아니라 그 경계가 변하기도 하고 또 그 본질적 성분이 변하기도 하는 것이다(사토 시게키, 2010a). 결국 민족주의는 진화한다.

(3) 르낭과 『민족이란 무엇인가』

민족주의가 발흥하던 당시 다른 엘리트들과는 달리 원초론적 민족주의에 동의하지 않았던 인물이 르낭이다. 그러한 측면에서 독일의 피히테와 대조된다. 르낭은 민족 형성에서 중요한 것은 시민의 선택, 그리고 의지가 가장 중요하다고 했다.

그러나 르낭이 이러한 주장을 하게 된 배경에는 보불 전쟁 패전 후 독일에 빼앗긴 알자스·로렌 지역에 대한 프랑스의 권리를 논리적으로 증명하기 위한 민족적 간절함이 섞여있었다. 르낭은 그 땅이 프랑스 땅이어야 한다는 논리를 매우 수준 높게 설명한다. 그는 그 지역의 역사에 존재하는 독일 뿌리는 인정한다. 원래 독일어권이었고 독일문화 지역으로 921년부터 신성로마제국의 영토였다. 하지만 르낭은 이 곳은 프랑스 땅이 되어야 한다고 주장한다. 30년 전쟁 후 1648년 베스트팔렌 조약의 결과 프랑스령이 되어 프랑스 영토로서의 역사가 상당하기도 하지만 무엇보다 프랑스 혁명 당시 주민들은 프랑스가 되기를 선택했기 때문이다. 그 지역 주민들은 왕의 백성보다 공화국의 시민을 선택한 것이다. 1870년의 보불전쟁의 결과 이 땅을 독일에 빼앗기게 되자 르낭은 이러한 주민들의 정치적 의지와 선택이 중요하다며 프랑스 영토로서의 당위성을 제시한 것이다.

그러나 르낭의 주장은 프랑스의 영토 확장이라는 이해관계에서 나온 것만은 아니다. 영국과 미국의 역사 발전이나 민족주의 형성이 그렇듯이 프랑스 사회의 발전이나 민족주의의 진행과정도 개인의 자유와 평등, 그리고 선택을 중시했던 프랑스의 사회적, 전통적 분위기와 분명 연관이 있다. 보다 자유주의적이고 합리적이며 개인의 선택을 상위의 가치로 여겼던 사회분위기가 르낭의 민족주의 해설에도 여실히 담겨있는 것이다.[1]

---

[1] 반면 독일, 이탈리아, 일본의 민족주의는 상대적으로 집단성을 강조하고 배타적이면서 민족의 힘을 강조한다.

2. 『민족이란 무엇인가』 요약 및 이해 [2]

(1) 프랑스와 독일의 전쟁

르낭이 이 책을 쓰게 된 계기는 바로 1870년 발발한 프랑스와 독일 간 전쟁, 즉 보불전쟁이었다. 프랑스의 지식인으로서 르낭은 강대국이 되어가는 독일을 인정하면서도 독일의 부상을 이끄는 세력이 군사적 팽창에 중점을 둔 프로이센이라는 점에 대해 염려했다. 그는 "나는 늘 프랑스와 독일 사이의 전쟁을 문명사회에서 일어날 수 있는 가장 커다란 불행으로 간주해왔다"고 했는데 결국 전쟁이 발발하자 그 현실을 고민하기에 이른다.

그는 이 전쟁이 두 나라 사이에 격렬한 증오의 씨앗을 뿌릴 것으로 보았고 이를 대단히 불행한 일로 보았다. 왜? 유럽의 지적, 도덕적 위대함은 프랑스, 독일, 그리고 영국 사이의 동맹에 기반할 때 가능한 것이기 때문이다. 특히 프랑스와 독일은 함께 '인류의 사상적 발전에 최상의 기여'를 해왔기 때문이다. 그런데 그 동맹이 파기된다는 것은 진보 즉, 유럽의 발전에 조종을 고하는 것이나 다름없었다. 그가 보기에 세 강대국은 서로 단결해야 함께 세계를 지휘할 수 있는 것이었다.

사실 그에게서는 당시 대부분의 유럽의 지식인들에게서 드러날 수밖에 없는 유럽 중심주의가 엿보이기도 하고 또 프랑스, 영국 우선의 우월적 사고가 곳곳에서 표출된다. 그는 우선 러시아는 그 주변의 야

---

[2] 2의 내용은 책 내용의 요약 위주로 서술하였는데 필자의 분석 및 추가적 설명과 함께 보완하였음을 밝힙니다.

만적인 미개 부족들과 결속할 수도 있다는 가능성 때문에 중심국가로서의 자격에 의문을 표했다. 사실 독일도 별 다르지 않다. 그는 "프랑스, 그리고 어느 정도까지는 영국도 자신들의 목표에 도달했다"고 보았다. 그러나 프로이센과 러시아는 아직 사람들이 원하는 것을 갖게 되는 단계에는 이르지 못했다. 결국 그는 유럽이라는 체제에서 프랑스와 영국 아래에 프로이센과 러시아를 두었던 것이다. 그리고 프로이센을 '북쪽의 이 폭력적인 종족들,' '어둡고 침울한 광신적인 기질'을 가진 집단으로 여겼다.

그는 프랑스와 독일 사이에는 결국 평화가 형성될 것이라고 보았다. 그러나 전쟁이 일어난 이상 세계의 행복을 위해서 중부 유럽의 두 거대한 민족 간 '결판'에 대해서 말하고자 했던 것이 바로 이 책의 내용이다. 그는 우선 독일이 어떤 방식으로 자신들의 고유한 민족 개념을 인식하게 되었는지에 대해 설명하고자 했다. 르낭은 독일인 사이에 그냥 민족 또는 조국 개념이 퍼지기 시작한 게 아니라고 했다. 그렇다면 무엇 덕분에 독일인들은 민족에 대해 인식을 하고 조국을 중심으로 뭉칠 생각을 했다는 것인가? 르낭이 보기에 그것은 바로 프랑스의 억압이 있었기 때문이었다.

독일, 왕국에서 제국으로

프랑스는 프랑크 왕국의 분할을 공식화 했던 베르됭 조약(843)과 메르센 조약(870)으로 인해 (프랑시아라고도 불리던) 서프랑크로 분리된 이후 프랑스 왕국의 첫 왕실인 카페 왕조(987~1328)로 이어진다. 카페 왕조기는 프랑스 국민국가의 기초를 다진 시기로 프랑스는

10세기부터 민족적이었다.

　독일의 역사적 발전은 프랑스와 전혀 다르다. (오히려 오랜 기간 하나의 민족국가를 이룰 수 없었던 이탈리아를 닮았다고 해야 할 것이다.) 843년부터 동프랑크 왕국을 지배하던 카롤링거 왕조의 혈통이 911년 단절되자, 동프랑크의 귀족들은 프랑켄공 콘라트1세를 왕으로 선출한다. 동프랑크 왕국이 멸망하고 여러 부족의 연합체 형식으로 독일제국이 탄생한 것이다. 919년 아들이 없던 콘라트1세의 지명으로 하인리히1세(876~936)가 왕위에 오르면서 독일 왕국의 기초를 닦은 작센 왕조가 출범하게 된다. 그의 아들 오토1세(오토대제)는 카톨릭을 지원하고 교황을 도운 덕분에 962년 신성로마제국의 황제에 오른다.

　그런데 독일은 일찍이 10세기부터 '민족적'이었던 프랑스와는 확연하게 달랐다. 동프랑크 때부터 독일은 다양한 분국 또는 봉건 제후들이 득세했다. 오랜 세월 독일은 영주들의 연합체인 영방(領邦)주의를 표방했기에 독립과 자치의 분위기가 강했다. 그래서 독일 내에서는 프랑스대혁명 당시까지도 하나의 통일된 민족을 형성해야 한다는 인식이 약할 수밖에 없었다.

　1862년에 프로이센의 총리가 된 비스마르크(1815~1898)는 '프로이센-오스트리아 전쟁(1866)'과 '프로이센-프랑스 전쟁(보불전쟁, 1870~1871)'을 승리로 이끌어 독일의 통일을 현실화 하게 된다. 결국 보불전쟁 승전과 함께 1871년 프랑스의 베르사유 궁전에서 프로이센 왕 빌헬름 1세가 황제로, 비스마르크가 재상으로 취임하여 25개 연방 국가들을 통합함으로써 통일된 독일제국을 수립하게 된다.

프랑스와 독일

프로이센-오스트리아 전쟁(1766)이 끝나자, 프랑스와 프로이센 양국은 곧 그들 간 전쟁이 다가옴을 직감하게 되었다. 이들 두 나라가 전쟁을 준비하는 이유는 뚜렷했고 때문에 전쟁은 피할 수 없었다. 프로이센은 독일 통일이 최대의 과제였는데 그 사전 작업이 바로 프로이센-오스트리아 전쟁이었고 그 완결판은 결국 프랑스와의 전쟁이었다. 그러나 프랑스는 통일독일의 출현을 원하지 않았기 때문에 충돌은 불가피한 것이었다. 결국 이들은 본격적인 전쟁준비 끝에 보불전쟁(1870~1871)에서 맞붙는데 승자는 프로이센이었다.

독일의 통쾌한 복수였다. 독일은 16~17세기에 걸친 종교전쟁, 특히 그 중 30년 전쟁(1618~1648)을 겪으며 엄청난 고통을 겪었다. 전쟁은 독일제국 영토에서 벌어졌고 독일은 초토화 되어 복구와 전후 상흔으로부터 벗어나는 데에 200년이 걸린 지역도 있었다. 독일은 전쟁을 겪은 후에야 조국의 필요성을 자각하게 된다. 당시 수백 개의 국가로 분할되었던 독일은 19세기까지도 유럽에서 후진국 신세를 면치 못하고 있었는데 당시 독일의 맹주는 합스부르크 왕가의 오스트리아였다. 그러나 뒤늦게 나타난 프로이센이 (훗날 일본이 흠모하며 모방했던) 최강의 육군을 육성해 독일의 맹주로 등장했고 곧 독일 통일을 갈망하게 된 것이다.

독일이 보불전쟁에서 승리하면서 (30년 전쟁을 종식시킨) 베스트팔렌 조약(1648) 때 프랑스에 빼앗겼던 요충지 알자스·로렌을 결국 되찾는다. 사실 이 지역의 상실도 17세기에는 별 문제가 없었던 것이었다. 그러나 '민족'에 대한 인식이 팽배해지던 19세기 들어 독일에게 이 지역의 회복은 자존심의 문제가 되었고 독일과 프랑스 양국 간 중대한 골칫거리가 돼버렸다. 결국 전쟁에서 승리한 프로이센은 결국 이 땅을 회복한 것이다.

독일과 프랑스는 앙숙이었지만 독일이 결국 통일을 이룩한 데에는 역설적으로 프랑스의 역할이 매우 컸다. 르낭은 한 민족이 자신에 대해 자각하는 순간은 바로 다른 민족의 억압을 받을 때라고 주장한다. 예를 들어 프랑스는 오랜 세월 존재했지만 '프랑스'라는 단어가 특별한 의미를 갖게 된 계기는 바로 영국 지배의 중압 아래에서였다. '자아'는 항상 또 다른 '자아'와 대비되어 창조되기 마련이다. 특히 또 다른 자아의 위협 아래서는 더욱 강화된다. 영국의 위협이 프랑스를 한 민족으로 뭉치게 했듯이 프랑스는 독일을 '민족'으로 만든 것이다.

르낭은 독일이 유럽의 새로운 주도세력으로 부상하는 데 대해 우호적으로 평했다. 우선 그는 게르만 종족은 엄격하고 정숙하고 유능하고 근엄하며 또 타고난 재능과 사고력에 있어서 첫 번째 서열에 있는 종족이라고 했다. 독일 종족에 대한 호평 외에 르낭은 독일 통일의 근거를 역사적 필연에서 찾아 논리를 체계화했다. 독일이 60년 전부터 하나의 민족국가를 이루기 위해 기울인 노력은 '합당한 운동'이고 프랑스에겐 불평할 권리가 없다는 것이다. 왜? 통일에 대한 독일의 노력은 우리(프랑스)를 본보기 삼아 하는 작업이고 또 17세기 및 나폴레옹 제국의 통치 당시 프랑스의 억압에 대한 저항일 뿐이기 때문이다. 사실 프랑스혁명(그리고 나폴레옹의 등장)은 독일로 하여금 통일에 대한 생각을 품게 만든 사건이었고 이는 독일 엘리트들의 소망에 부응하는 것이었다.

르낭이 당시 유럽의 다른 지식인들보다 돋보이는 점은 민족 형성에 있어서 인민들의 자유의지를 앞장서서 강조했기 때문이다. 정치지리학의 측면에서 볼 때 왕권이 사라진 상태에서 경계확정의 유일한 원칙은 민족성이어야 하고 민족으로 하나가 될 수밖에 없다. 그런데 여기에서는 결국 함께 살고자 하는 인민들의 자유의지가 가장 중요하다는 것이다. 이렇게 자유의지가 중요함에도 불구하고 왜 우리는 우리가 스스로 우리나라에서 행한 것, 그리고 이탈리아가 행하도록 우리가 도와주었던 것을 독일이 하려고 하는데 그 권리를 인정하지 않느냐는 도발적 질문을 던진다. 결국 독일의 민족자결주의는 역사의 필연으로 프랑스는 독일의 형성을 방해하면 안 된다는 것이다.

르낭은 통일을 위한 독일의 노력을 우호적으로 보는 데에서 더 나아가 프랑스를 비판하기도 하는데 특히 나폴레옹의 경솔함을 신랄하게 비판했다. 나폴레옹은 대외정치에 대해서는 기본조차 모를 뿐 아니라 프랑스가 전 세계를 지배한다는 그의 생각은 터무니없다는 것이었다. 왜냐? 유럽의 한 민족이 패권을 차지하겠다는 시도는 나머지 국가들의 동맹이라는 필연적 반응을 유발할 것이고 만약 그런 일이 생길 경우 영국은 세력균형의 수호자로서 그 동맹의 중심이 될 것이기 때문이다.

이러한 정치역학의 측면에서 르낭은 비스마르크의 '정당한' 업적 두 가지를 논한다. 첫째, 게르만 동맹에서 오스트리아를 쫓아낸 것과 둘째, 분산된 독일의 구성원들을 프로이센을 중심으로 모은 것이다. 독일 통일 당시 두 가지 노선이 부상해 경쟁했다. 하나는 오스트리아를 포함한 대독일주의였고 다른 하나는 오스트리아를 배제한 소독일

주의였다. 결국 비스마르크가 주도하여 프로이센을 중심으로 한 소독일주의에 입각한 통일을 이끌어냈다.[3]

그러나 다른 한편으로 독일 통일을 이끈 프로이센에 대해 르낭은 의구심을 버릴 수 없었다. 그가 보기에 독일은 그야말로 공상적 열정이긴 했지만 유럽을 쇄신하고 지배하길 원하는 민족이었다. 그러나 인류 대다수는 전쟁을 혐오한다. 호전적인 정신은 이제 북독일과 러시아 귀족 계급의 직업 군인 외엔 찾을 수 없다. 민주주의는 사실은 군인 시대의 종말을 뜻하는 것이기 때문이다. 그럼에도 문제는 남았다. 과연 프로이센과 통일 독일이 잘 어울릴 수 있을까? 프로이센은 민족의 기반은 군대라는 원칙을 가지고 있었고 그 군대의 기반은 소귀족이었다. 그러나 이는 독일에는 적용될 수 없는 원칙이었다. 왜냐하면 독일은 부르주아지를 가지고 있기 때문이었고 독일 민족의 기반이 이 부르주아지라고 보았기 때문이다. 따라서 르낭은 프로이센의 원칙은 통일 후 독일에서는 이어질 수 없다고 보았다. 통일 독일에 대한 르낭의 생각은 여러 가지로 복합적이었다.

유럽의 미래

르낭은 당시 유럽의 민족자결주의가 오히려 인민들의 투쟁을 불러와 결국 인종 말살 투쟁으로 이어지지 않을까 염려했다.[4] 그렇다면 유

---

3 이와는 달리 무리한 욕심을 가지고 독일제국을 건설하려 한 게 히틀러였다. 유럽에서 후발주자였던 독일은 히틀러의 등장과 함께 뒤늦게 제국주의를 추구한다. 2차 대전은 히틀러가 아프리카 뿐 아니라 유럽 내 식민지를 두고자 벌인 전쟁이었다는 점에서도 충격적이었다.

4 르낭에 따르면 독일의 자연주의자들은 인종 파괴, 생존 투쟁은 역사의 순리로 본다. 강한 민족

럽의 평화를 가능케 할 오직 단 하나의 힘은 무엇인가? 르낭에게 이 힘은 바로 유럽이다. 르낭은 유럽을 '가족'이라고 표현했다. 유럽은 가족이기 때문에 프랑스와 독일 가운데 어느 한쪽이 지나치게 승리하거나 패배하는 것이 바람직하지 않다. 프랑스가 사라지는 것은 유럽의 세력 균형 즉, 공존에 종지부를 찍는 것이기 때문이다. 르낭은 영국이 더욱 번영하기 위해서도 더욱 강력한 프랑스가 필요할 것이라고까지 했다.

그는 유럽의 공존을 위해 한 민족이 패권을 행사하는 것을 매우 부정적으로 보았다. 패권을 행사하는 민족은 자신에게 대항하는 다른 모두의 단결을 가져옴으로써 자신의 파멸을 준비하게 된다는 것이다. 평화는 유럽의 공통된 이해에 의해서만, 중립국들 간의 동맹에 의해서만 확립되고 유지된다. 그가 보기에 유럽공동체의 안녕은 가장 강력한 국가에 대항하여 다양한 국가가 개입, 중재, 동맹할 때 가능해진다고 본 것이다. 그래서 그는 유럽의 연방체를 줄곧 강조한다. 결국 민족자결주의는 유럽 연방의 원칙이 모든 민족들에 우선한다는 원칙과 결합해야만 전쟁의 종말을 가능케 할 것이라고 보았다.

르낭은 미래 유럽에 대한 날카로운 예지력을 선보이고 있다. 그가 그린 청사진에 지금 유럽의 모습이 담겨있는 것이다. 그는 유럽의 평화와 공존을 위해 개입, 중재, 동맹이 점점 더 구체적, 정기적이 되면서 차후에는 주기적으로 열리는 진정한 회의의 형태를 가져오기를 기

이 약한 민족을 쫓아내는 것이다. 게르만 민족이 라틴이나 슬라브 인종보다 강하기 때문에 그들은 굴복하고 복종해야 한다.

대했다. 또한 이 힘이 연방 협정에 의해 그들 사이에 연계된 유럽 합중국의 탄생을 꿈꿨다. 르낭에게 동맹은 인간의 특권이고 연방은 정의의 수호자였다. 이것에 의해 모든 사람의 권리가 보장되는 것이고 유럽의 모든 인민에게 이것이 적용돼야 했다. 이러한 원칙을 받아들일 때 게르만 인종은 미래에 더 나은 지위를 갖게 된다는 것이다.

이에 근거해 르낭은 프로이센에 경고의 메시지를 보낸다. 16세기 스페인이나 루이14세, 나폴레옹 치하의 프랑스는 모두 급격히 쇠락했다. 다른 나라들이 동맹했기 때문이다. 프로이센도 이 점에 유의해야 한다면서 그렇지 않을 경우 프로이센 역시 자신에게 대항하는 동맹을 보게 될 것이고 했다.

(2) 민족이란 무엇인가

르낭은 단도직입적으로 "일견 명백한 듯하면서도 가장 위험한 오해의 소지가 있는 개념을 분석"하겠다며 2장을 시작하면서 우리가 큰 실수를 범하고 있다고 주장한다. 즉, 종족을 민족과 혼동하고 있으며 우리가 종족 집단이나 언어 집단에게 민족 집단과 비슷한 절대적 지위를 부여하고 있다는 것이다.

I

로마제국 몰락 이후, 샤를마뉴[5]의 제국이 붕괴한 이래로 서유럽은

---

5 742~814. 재위 기간 768~814. 오늘날 서유럽의 토대를 만든 프랑크 왕국의 왕. 아버지 피핀이 프랑크 왕국 전반기를 지배했던 메로빙거 왕조를 폐하고 카롤링거 왕조의 막을 열었다

민족국가로 분열하게 된다. 그 중 어느 나라가 지배하려 하면 나머지 국가들이 동맹하는 식의 균형 상태를 유지하면서 프랑스, 영국, 독일, 러시아 등이 공존하게 된다.

그런데 여기에서 '민족국가' 개념은 매우 새로운 것이다. 고대는 민족국가 아니라 태양의 아들이 이끄는 무리들이었다. 중국과 이집트에도 시민은 없었다. 이후 공화국, 왕정, 공화연방, 제국들도 민족국가는 아니었다. 아테네, 스파르타는 도시국가였고 스페인, 이탈리아 등은 부족들의 집단이었으며 페르시아, 알렉산드로스 대왕의 제국들도 '조국'의 체계를 갖추진 않았다. 당연히 '애국자'도 없었다. 로마제국이 하나의 조국이라는 형태에 가까웠지만 프랑스보다 열두 배나 더 큰 제국이 하나의 국가가 되기는 힘들었다.

그렇다면 이제 질문을 던져보자. 도대체 민족이란 무엇인가? 어째서 스위스는 세 개의 언어, 두 개의 종교, 서너 인종으로 구성되어 있음에도 하나의 민족이라 하는가? 왜 토스카나는 매우 동질적인데도 하나의 민족이 아닌가? 왜 오스트리아는 하나의 국가일 뿐 하나의 민족은 아닌가? 프랑스는 어떻게 하나의 민족이기를 고수했는가? 그래서 결국 민족성은 인종의 원칙과 어떤 점에서 다른가?

역사를 거슬러 올라가 보면 민족의 존재 기반을 제공한 것은 바로

---

(751), 800년 교황에 의해 서로마 황제에 즉위. 프랑스에서는 샤를 대제, 독일에서는 카를 대제, 라틴어로는 카를루스 대제, 영어권에서는 샤를 대제 또는 찰스 대제 등으로 불릴 정도로 그 영향력은 전 유럽적이었다. 그를 계승한 루트비히1세(경건왕 루이)가 사망(840)하자 세 아들이 골육상잔을 벌여 843년 베르됭 조약, 그리고 870년 메르센 조약에 의해 프랑크왕국은 지금의 이탈리아, 프랑스, 독일에 해당하는 중프랑크, 서프랑크, 동프랑크로 분할된다.

5~10세기에 있었던 게르만족의 대이동이었다. 당시 프랑크 제국이 한때 서유럽을 통일했지만 9세기 중반 붕괴했고 베르됭 조약(843)이 프랑스, 독일, 이탈리아 분할의 계기가 됐다.

그렇다면 이 다양한 국가들을 특징짓는 것은 무엇인가? 결론부터 말하면 그 국가들을 구성하고 있는 주민들 간의 융합이다. 여기서 중요한 것은 두 가지다. 바로 종교(기독교)와 언어다. 서유럽 국가들은 정복자든, 피정복자든 기독교를 받아들였고 때론 정복자들이 자기 고유의 언어를 잊어버리기도 했다. 결국 게르만 침략자들이 가진 극도의 폭력성에도 불구하고 이들의 존재는 민족국가의 전형이 되는 중대한 결과를 가져왔고 곧 프랑스의 탄생을 보게 되었다.[6]

망각, 그리고 역사가 만드는 민족

민족 창출의 근본적인 요소 중 주요한 것은 바로 망각이다. 바로 이러한 이유 때문에 역사 연구의 발전은 종종 민족(성)에게는 위험한 요인이 되기도 한다. 민족의식의 형성을 위해서는 역사적 오류를 범하는 것일지라도 망각이 필요하다는 것이다. 망각이 적절하게 작용하지 않으면 비록 유익하고 바람직한 결과를 가져왔다 하더라도 정치 조직이 저지른 폭력적 사태들을 재조명해버릴 수도 있는 것이다.

이는 민족 형성에 도움이 되지 않는다. 예를 들어 프랑스 통일의 원인 중 하나는 바로 망각이었다. 사실 프랑스 북부와 남부의 결합은 한

---

6 대비되는 예는 터키. 터키는 터키, 슬라브, 그리스, 아르메니아, 아랍, 시리아, 쿠르드 사람들이 정복 당시와 다를 바 없이 뚜렷이 구분되어 살고 있다.

세기 동안의 몰살과 테러의 결과였다. 그럼에도 프랑스 왕은 이제까지 가장 완벽한 민족적 통일을 이룩한 것이다. 민족은 본질적으로 모든 개인들이 많은 것들을 공유하고 있기도 하지만 동시에 많은 일들을 잊어버리기도 해야 한다. 통일 프랑스인들은 자신이 어느 종족 출신인지 알지 못하고 또 13세기에 있었던 성 바톨로뮤 축일의 대학살을 잊고 살고 있다. 결국 하나의 민족이 되기 위해서는 아픈 과거는 잊어야 하는 것이다.

위와 같은 조건들 외에도 민족이 처한 환경 즉, 역사가 중요하다. 민족은 언제나 역사적 사건들의 결과물이기 때문이다. 통일의 경우 프랑스는 한 왕조에 의해, 네덜란드, 스위스, 벨기에는 주들의 의지에 의해, 이탈리아나 독일은 뒤늦게 사회의 분위기에 의해 통일이 이루어졌다. 전혀 예기지 않은 결과도 있다. 패배에 의해 통일된 이탈리아가 있고 승리에 의해 붕괴된 터키의 경우도 보았다.

II

정치 이론가들에 따르면 (원래) 민족은 하나의 왕조이다. 근대적 민족은 대부분 봉건적인 기원을 가진 특정 가문에 의해 성립되고 그 가문은 토지와 혼인 관계를 통해 중앙집권적 권력을 행사한다. 그렇다면 이러한 법칙이 절대적인 것일까? 그렇지 않다. 미국, 스위스는 여러 집단들로 형성되었고 새로운 집단이 추가되기도 했는데 거기엔 어떠한 왕조적 기반이 없다. 매우 민족적인 프랑스는 왕조가 없어도 민족을 유지할 수 있었다. 결국 민족은 왕조 없이도 존재할 수 있을 뿐 아니라 왕조에 의해 생성된 민족이 왕조와 분리될 수도 있다(e.g. 프랑스혁명). 왕조적 권리 외에 민족적 권리도 존재하는 것이다.

르낭은 민족적 원칙이 생겨나게 한 것은 과연 무엇일까. 르낭은 민족을 식별하는 5가지 표식을 제시하면서 사실은 이들이 민족형성에 필요·충분조건이 되지 못함을 주장한다. 사실상 부정한 것이다.

인종

많은 이들은 민족이 종족에서 유래한 것이라고 확신한다. 왕족의 결혼 같은 봉건적 관행보다 더 확고한 것은 바로 그 구성원들의 종족이고 이것이 일종의 권리와 정당성을 구성한다는 것이다. 인종은 원초적이면서도 가장 중요한 권리로 민족의 원칙은 바로 종족인 것이다.

그러나 이것이야말로 오류다. 과거 고대 부족이나 도시국가는 가족의 확장된 형태로 스파르타, 아테네 시민들은 비교적 가까운 촌수의 친척 관계였다. 그러나 로마제국은 어떠한가. 폭력과 이해관계에 의해 유지된, 전혀 다른 도시들과 지방들의 거대한 결합이다. 과연 하나의 종족인가. 이러한 사례들은 종족이라는 개념에 치명타이다. 오히려 인종보다는 보편적이면서도 절대적 성격을 가진 기독교가 (종족보다) 더 효과적으로 작용했다. 로마제국과 동맹관계를 맺은 기독교는 보편성과 절대성이라는 매우 훌륭한 통합의 동인을 제공했다.

그리고 서유럽 왕조들의 침략과 분할은 종족과 무관하게 이뤄졌다. 프랑크 왕국의 분할을 가져온 베르됭 조약 당시 세 형제는 북쪽에서 남쪽으로 두 개의 경계선을 그으면서 그 선 오른쪽, 왼쪽에 어떤 종족들이 살고 있는지 별로 고려하지 않았다. 프랑크 왕국에서 분할된 세 왕국의 왕들은 한 핏줄이었을지 모르지만 백성들은 한 핏줄이 아니었던 것이다. 무엇보다 프랑스를 구성하는 지역의 인민들은 자신들의 기원은 기억하지 않았다.

따라서 근대 민족국가의 구성에 있어서 종족적인 고려는 별다른 영향을 주지 못했다. 프랑스인은 켈트족이기도 하고, 이베리아족이기도 하며 게르만족이기도 하다. 독일은 게르만족이기도 하고 켈트족이기도 하며 슬라브족이기도 하다. 이탈리아는 아예 종족 분류가 어려운 나라다. 결국 순수한 혈통의 종족이란 존재하지 않는다. 그렇기 때문에 종족적 분석에 근거해 정치를 하는 것은 공상이나 마찬가지이다. 유럽의 주요 민족들은 본질적으로 혼혈 민족이다. 인간의 역사는 동물과 성격이 달라 종족이 전부가 될 수 없다.

언어

언어 역시 민족의 전제는 아니다. 미국과 영국, 스페인과 남미는 같은 언어를 쓰지만 하나의 민족은 아니다. 반면 스위스는 서너 개의 언어를 쓰는 집단이 공존하지만 하나의 민족을 잘 형성하고 있다.

언어는 역사적 부산물로, 그 언어를 사용하는 사람의 혈통에 대해서는 별로 말해주는 것이 없다. 인간에게는 언어를 초월하는 무엇인가가 있다. 그것은 바로 의지다. 우리는 특정 언어나 인종이나 문화의 틀 안으로 스스로를 몰아넣기 전에 인간은 합리적이고 도덕적인 존재라는 기본적 원칙을 포기하지 말아야 할 것이다.

종교

종교는 (근대 이전에는) 민족의 확립에 충분한 기반을 제공했다.

그러나 이제 더 이상 국가 차원의 종교는 존재하지 않는다. 교황의 권위는 몰락했다. 종교는 이제 개인적인 것, 각자의 양심에 따르는 것이 되었다.

이익공동체

이익공동체가 인간들 사이에 유대 관계를 형성케 하는 것은 분명하나 하나의 민족을 만드는 데 충분하지는 않다. 이익공동체는 상업상의 조약에 영향을 미칠 뿐이다. 그러나 민족성에는 감정적인 면이 있다. 영혼인 동시에 육체다. 예컨대 관세동맹(1818)은 조국이 될 수는 없다.

지리

산과 강 등으로 구성된 지리는 자연적 국경선으로 민족을 구분하는 데 있어서 중요한 부분이다. 그러나 산과 강의 경계를 국경으로 하기 위해 그 안쪽 지역을 차지하는 것이 과연 옳은 것인가? 과연 그러한 권리가 있는가? 아프리카의 국경선은 모두 유럽이 만든 피의 국경선들이다. 이렇듯 지리에 근거한 이러한 이론은 모든 폭력을 정당화하게 된다. 종족이 하나의 민족을 만드는 것이 아니듯, 영토 역시 민족을 만들지 못한다.

III

결론적으로 르낭은 주장한다. 민족은 하나의 영혼이며 정신적인 원리이다. 민족이란 풍요로운 과거의 추억을 공동으로 소유하는 것이고 동시에 현재에 대한 묵시적인 동의, 함께 살려는 욕구, 각자가 받은 유산을 계속해서 발전시키고자 하는 의지의 결합할 때 현실화 된다. 결국 민족이란 구성원 간 동의, 욕구, 의지가 있어야 가능해지는 것이다. 다시 말해, 과거에는 영광의 유산과 함께 후회스러운 유산이 있고, 미래에는 실현해야 할 공통의 계획이 있다. 결국 고통을 함께 하고 즐기고 꿈꾸는 것, 이것이 국경보다 훨씬 더 가치 있는 것이다. 르낭은 이 때문에 인종과 언어의 다양성에도 불구하고 하나의 민족으로서 함께 하는 것이라고 설명한다.

르낭의 주장 중 특히 주목할 것은 그가 (앞에서 설명한) 망각과 함께 고통의 기억을 강조했다는 점이다. 그는 민족이란 '고통을 함께 하는 것'이라고 했다. 그리고 함께 하는 고통이 기쁨보다 훨씬 더 사람들을 단결시킨다고 주장했다. 결국 민족의 기억 측면에서는 애도가 승리보다 더 강력하다는 것이다. 그러니까 민족의 형성과 유지에 있어서 중요한 것은 같은 민족끼리 아픈 과거는 잊어야 하고 다른 민족과의 아픈 과거는 기억해야 한다는 점이다. 그는 민족주의는 집단적 고통을 전제로 하고 이 고통은 환희 이상으로 민족 구성원을 뭉치게 한다고 했다. 특히 민족 구성원들은 고통에 비례해 서로에 대한 사랑도 커진다는 것이다.

그가 보기에 민족은 이미 치러진 희생과 여전히 치를 준비가 되어 있는 희생의 욕구에 의해 구성된 거대한 결속이고 동시에 함께 공동의 삶을 계속하기를 분명하게 원하는 욕구의 결집이다. 따라서 한 민족은 결코 그 주민들의 의사에 상관없이 병합되거나 압류될 수 없다. 이러한 측면에서 볼 때 민족이란 개개인의 의지의 집합이자 그 의지의 영속적 확인인 것과 마찬가지로 '매일 매일의 인민투표'다. 따라서 민족의 결의는 민족의 단 하나의 정당한 기준이 되는 것이다.

그런데 인간의 의지는 변하는 것이기에 따라서 민족은 영속적인 그 무엇은 아니다. 민족들은 새롭게 생겨난 것처럼 언젠가는 종말을 고하게 될 것이다. 아마도 언젠가는 유럽연맹이 민족들을 대체하게 될 것이다. 하지만 현재 시점에서는 민족의 존재는 필요한 것이다. 만약 세계에 단 하나의 법과 단 하나의 주인이 존재한다면 우리가 잃게 될지도 모를 자유를 보장하는 것이 바로 민족이기 때문이다.

르낭의 결론은 이렇다. 인간은 인종의 노예도, 언어의 노예도, 종교의 노예도, 강 흐름의 노예도, 산맥의 노예도 아니다. 인간의 대결집, 건전한 정신, 뜨거운 심장이 민족이라 불리는 도덕적 양심을 창출하는데 이 도덕적 양심이 공동체를 위해 개인을 버리는 희생 위에 존재한다면 그것은 정당하고 존재의 권리가 있다.

3. 진화하는 민족주의

민족주의가 연구 주제로서 많은 학자들을 매료시키는 특질이 하나 있다. 구체적 요인에 의해 객관적으로 정의되는 집단이 아니기 때문에 주관적 심리나 의식이 민족의 본질을 구성한다는 것이다. 즉 민족은 느낌이나 신념 등 감정적 속성에 의해 구성되고 상상된 것이며 또 창조되는 것이다. 또한 특정한 시기에 특정한 사람들의 경험을 통해 구성되고 의미가 부여된 역사적 공동체(Anderson, 1983)이기 때문에 민족 또는 민족주의는 정치적 상황에 따라 변신하기도 하고 대중적, 문화적으로 창조되기도 하고 또 다른 이데올로기와 절합(articulation)하면서 다양한 변종 민족주의를 출현시키기도 한다.

민족주의는 민족에 의해 발생하는 것이라기보다 민족 안팎에 내재하는 요인들과 환경 또는 현실이 작동하는 정치적 장에서 야기되는 것이다. 즉 상호작용하며 서로 구성해가는 것이다. 20세기 말 소련의 붕괴 이후 동유럽에서의 민족주의 발흥도 민족주의의 재연 또는 부활이라기보다는 서로 영향을 주고받으며 경합하는 다자 관계에서 민족주의가 재구성(reframed)된 것이다(구로미야 가즈모토, 2010a). 그러한 측면에서 민족은 본원적인 불변의 실체가 아닐 뿐 아니라(Hobsbawm, 1994) 민족감정은 만들어지고 마음속에 심어지는 것이라고 했다(구로미야 가즈모토, 2010b).

또 민족과 민족국가는 그 구성원들이 균질하지 않고 각기 다르고 이질적인 개인들로 구성된 집단이기 때문에 이들을 통합하는 과정이 필수적(Hobsbawm, 1994)이다. 그런데 이들을 하나로 묶는 가장 대표적인 매개가 바로 역사이다. 르낭이 주장했듯 '국민'을 구성하기 위해서는 기억의 유산을 공유하는 것이 필요한데 영웅과 영광으로 이루어지는 찬란한 과거는 국민의 관념 속에 사회적 자본으로 남게 된다. 결국 민족의 정체성은 공유된 과거에 대한 기억이 필수적이기에 민족은 역사를 필요로 하고 민족은 지식인을 동원해 과거를 재구성해야 한다. 그리고 그 역사의 기억을 교육, 여론, 영화, 소설, 기념비, 박물관, 용사의 묘 등을 통해 끊임없이 국민들에게 주입하는 가운데 민족에 대한 인식이 유지되는 것이다.

세계화 시대에 들어 민족주의는 종말을 맞이하고 있는 것이 아니라 질적으로 전환하고 있다고 봐야할 것이다(오사와 마사치, 2010). 특히 근대소설과 신문을 통해 사람들이 새로운 세계관을 갖게 한 출판자본주의에 의해 출발한 민족주의(Anderson, 1983)가 이후 본격 자본주의와 미디어의 발달에 힘입어 확산되었다는 사실은 매우 중요하다. 이는 민족주의가 산업화 내지는 경제주의와 매우 밀접한 관계를 갖고 있다는 것을 의미한다. 에드워드 카나 어네스트 겔너도 민족주의 대중화의 시점을 산업화로 잡고 있다. 산업화와 이에 따른 도시화 등은 민족의 경제개념화를 촉진했다. 20세기 들어 각 국가가 배타적 경제정책을 추구하면서 자원 경쟁이 시작됐고 이는 양 세계대전에서의 총력전(total war)을 가능케 했다. 결국 산업화로 인해 급진전된 민족주의의 확산은 경제민족주의의 탄생을 보게 되었다.

그런데 에드워드 카는 경제민족주의는 결국 전체주의의 확산을 불러왔다고 주장한다(사토 시게키, 2010b). 1차 대전 직후 민족주의는 유럽 열강들의 경제주의와 결합했고 이는 곧 2차 세계대전의 발발로 이어졌다. 나아가 종전·후 제3세계의 반식민지 혁명세력이 추구한 민족주의는 독일이나 일본에서 싹이 튼 파시즘과 연대하기도 했다(Hobsbawm, 1994). 이렇듯 민족주의는 진화와 절합을 거듭한다 해도 과언은 아닐 것이다. 어쨌든 20세기 민족주의는 뚜렷한 흐름은 경제화와 전체주의화라 해야 할 것이다.

더욱 원자화되어가는 현대 사회는 전체주의에 빠져들 여러 가지 조건을 가지고 있다. 한나 아렌트(Hannah Arendt)는 서로로부터 고립되어가는 대중 사이에서 소속에 대한 갈망이 생겨나고 이들 소외된 대중은 결국 허구적 공동체를 찾게 된다고 주장했다. 그런데 끊임없이 분화하고 더욱 원자화된 사회에서 대중은 결국 국가에 의존하게 되고 이들의 억압된 욕망은 결국 파시즘을 통해 해소하려는 경향을 보이게 된다고 설명했다. 여기에서 문제는 소외된 대중이 허구적 공동체를 찾아 여기에 과잉 충성하는 것이다. 아렌트는 '전체주의의 기원'에서 과잉충성은 어떤 사회적 유대 없이 단지 어떤 운동에 속함으로써만 자신이 어떤 위치에 있다고 느끼는 완전히 고립된 인간에게만 기대할 수 있다고 했다(Arendt, 1951).

민족주의는 특히 한국사회에서 세차게 소용돌이친다. 피할 수도 없고 때로 필요하다. 그러나 경계할 필요가 있다. 박노자(2005)는 가난과 억압과 폭력에 둘러싸여 고통스럽게 살아가는 개인의 현실도 '국가', '민족', '전통' 등의 집단 개념이 득세하는 사회분위기 속에서는 부차적이고 사소한 것이 되어버린다고 말한다. '국가발전', '민족중흥'과 같은 집단의 중흥이 일차적 과제가 되면 그에 의해 짓밟히는 개인의 권리나 존엄성은 하찮은 것이 되어버린다는 것이다.

역사는 투쟁이다. 뉴라이트의 식민지근대화론과 교과서 파동을 보라. 국제적으로도 예민한 문제이다. 다시, 역사는 투쟁이다. 민족 간의 역사는 더 말할 나위가 없다. 중국의 동북공정을 보라. 결국 민족, 그리고 민족주의는 의지와 신념과 역사의 문제이다.

〈참고문헌〉

강권찬(2002), 「월드컵의 민족정치스포츠, 내셔널리즘 그리고 붉은 악마-"붉은 악마" 담론의 서로 다른 민족주의」, 한국민족연구논집, 9, 156-162
구로미야 가즈모토(2010a), 로저스 브루베이커, 「내셔널리즘의 재구성」, 오사와 마사치 편, 김영작·이이범 옮김, 『내셔널리즘론의 명저 50』, 일조각
구로미야 가즈모토(2010b), 엘리 케두리, 「내셔널리즘」, 오사와 마사치 편, 김영작·이이범 옮김, 『내셔널리즘론의 명저 50』, 일조각
권혁범(2009), 『민족주의는 죄악인가』, 생각의 나무
김영한(1994), 『민족주의, 서양의 지적운동』, 지식산업사
박노자(2005), 『나는 폭력의 세기를 고발한다』, 인물과 사상사
사토 다쿠미(2010), 요한 G. 피히테, 「독일 국민에게 고함」, 오사와 마사치 편, 김영작·이이범 옮김, 『내셔널리즘론의 명저 50』, 일조각
사토 시게키(2010a), 워커 코너, 「에스노내셔널리즘」, 오사와 마사치 편, 김영작, 이이범 옮김, 『내셔널리즘론의 명저 50』, 일조각
사토 시게키(2010b), 에드워드 H. 카, 「내셔널리즘과 그 이후」, 오사와 마사치 편, 김영작, 이이범 옮김, 『내셔널리즘론의 명저 50』, 일조각
신기철·신용철(1989), 『새우리말큰사전』, 삼성출판사
오시무라 다카시(2010), 야엘 타미르, 「자유주의적 내셔널리즘」, 오사와 마사치 편, 김영작, 이이범 옮김, 『내셔널리즘론의 명저 50』, 일조각
이효덕(2010), N. 글레이저·D.P. 모이니헌, 「민족의 도가니를 넘어서」, 오사와 마사치 편, 김영작, 이이범 옮김, 내셔널리즘론의 명저 50, 일조각
임지현(2003), 『민족주의는 반역이다』, 서울: 소나무
Anderson, B. (1983), *Imagined communities: reflections on the origin and spread of nationalism*, 윤형숙 옮김(2003), 『상상의 공동체』, 나남
Arendt, H. (1951), *The Origins of Totalitarianism*, 이진우·박미애 옮김(2006),

전체주의의 기원』, 한길사

Fichte, J, G, (1806), *Reden an die deutsche Nation*, 황문수 옮김(1998), 『독일 국민에게 고함』, 범우사

Gellner, E, (1983), *Nations and Nationalism*, 최한우 옮김(2009), 『민족과 민족주의』, 한반도국제대학원대학교출판부

Hobsbawm, E, J, (1994), *Nations and Nationalism Since 1780*, 강명세 옮김 (2008), 『1780년 이후의 민족과 민족주의』, 창비

Renan, E, (1882), *Qu'est-ce qu'une nation?* 신행선 옮김(2002), 『민족이란 무엇인가』, 책세상

마르케스, 『백년의 고독』
― 마술적 사실주의와 현실에 대한 이해

송병선

송병선은
한국외국어대학교 스페인어과를 졸업하고, 콜롬비아의 카로이쿠에르보 연구소에서 석사학위를, 하베리아나 대학교에서 문학 박사 학위를 받았다. 하베리아나 대학교에서 전임교수로 학생들을 가르쳤으며, 현재는 울산대학교 스페인·중남미학과 교수로 재직 중이다. 지은 책으로는 『보르헤스의 미로에 빠지기』, 『영화 속의 문학 읽기』, 『붐소설'을 넘어서』 등이 있으며, 옮긴 책으로는 『탱고』, 『거미 여인의 키스』, 『콜레라 시대의 사랑』, 『내 슬픈 창녀들의 추억』 등이 있다.
avionsun@ulsan.ac.kr

1. 신화와 전설의 세계로 들어간 가르시아 마르케스

2014년 6월 5일 뉴욕의 유엔 컨퍼런스 빌딩에서는 카리브 해의 바예나토 음악이 울려 퍼지는 가운데 콜롬비아의 소설가 가브리엘 가르시아 마르케스 추모 강연회가 열렸다. 반기문 유엔 사무총장을 비롯해 가르시아 마르케스의 친구들이 참석한 이 강연회에서 유엔 사무총장은 훌륭한 작품으로 불멸이 된 다른 거장들과 함께 가르시아 마르케스는 영원히 살아있을 것이라고 확신하면서, 사회 부정과 탄압에 맞서 평생을 싸운 작가라고 강조했다. 그리고 가르시아 마르케스의 친구들은 그의 농담과 일화를 비롯한 그의 삶과 그의 작품이 세계문학에 끼친 영향을 조명했다.

20세기 세계 문학의 별이었던 가르시아 마르케스는 지난 4월 17일 성목요일에 세상을 떠나면서 전설과 신화의 세계로 들어갔다. 그날은 바로 『백년의 고독』의 주인공이라고 볼 수 있는 우르술라 이구아란이 115세의 나이로 세상을 떠난 날이기도 했다. 20세기의 세르반테스라고 불리는 그는 스페인어권의 가장 위대한 작가였고, '마술적 사실주의'라는 현대 예술 사조의 선구자이자 최고봉이었다. 그는 유명 운동선수나 영화배우에 버금가는 인기를 누리며 세계의 독자를 사로잡았고 그들의 사랑을 한 몸에 받은 작가였다. 그러나 그가 원한 것은 인기나 명예도 아니었고, 노벨 문학상도 아니었으며, 불후의 명작을 쓰는 것은 더더욱 아니었다. 그는 친구들에게 더 많은 사랑을 받기 위해 글을 쓴 작가였다.

가르시아 마르케스의 타계는 우리가 세월호 침몰 사건으로 심리적 공황 상태에 빠져 있을 때 일어났기에 커다란 뉴스가 되지는 못했다. 그러나 전 세계 언론의 문화면은 거의 예외 없이 그에 대한 추모기사로 장식되었다. 그런데 도대체 그가 세계문학에서 어떤 의미를 지니고 있기에 이토록 전 세계가 일제히 애도를 표한 것일까? 가르시아 마르케스는 제3세계가 배출한 가장 유명한 작가였으며, 20세기 후반부터 지금까지 세계 예술 사조를 이끌고 있는 '마술적 사실주의'의 대표자였다. 이 사조는 여러 나라 작가들에게 엄청난 영향을 끼치면서 수많은 추종자들을 만들어냈는데, 살만 루슈디와 토니 모리슨, 주제 사라마구가 바로 가르시아 마르케스의 후계자들이다.

《뉴욕타임즈》에 실린 가르시아 마르케스의 추모 기사에서 조나단 캔들은 가르시아 마르케스를 비평계뿐만 아니라 수많은 독자들의 사랑을 누린 몇 안 되는 중요한 작가이며, 찰스 디킨스, 레프 니콜라예비치 톨스토이, 어니스트 헤밍웨이 같은 세계적인 작가들과 나란히 한다고 단언한다. 최근 40년 동안 가르시아 마르케스의 명성에 도전할 수 있는 작가는 그 어느 나라에도 없었다. 실제로 20세기 문학을 살펴보면 이런 현상은 확인된다. 문학계가 이의를 달지 않고 만장일치로 중요하다고 여기는 이름들인 조이스, 프루스트, 카프카, 포크너, 버지니아 울프 등은 20세기 전반부의 작가들이다. 20세기 후반부에 그 이름은 가르시아 마르케스가 유일하다. 그래서 1967년에 출간된 그의 대표작『백년의 고독』은 전통과 근대성의 충돌을 보여주는 정점이자, 전 세계 독자들을 사로잡으며 베스트셀러로 자리 잡은 '세계화'된 소설이자 현대의 고전으로 여겨진다.

그가 세계 명작의 작가이자 대중의 인기를 누리고 있다는 사실은 그의 작품 제목이 널리 사용되는 것에서도 드러난다. 이제 전 세계의 신문이나 방송에서 '백 시간의 고독', '예고된 재앙의 연대기', '독재자의 가을', '자본주의 시대의 사랑' 같은 제목들과 마주치는 것은 그리 힘들지 않다. 우리나라의 문학만 살펴봐도『백년여관』(임철우),『백년 동안의 세계사』(서효인),『백년간의 비밀』(이원구),『백년 동안의 침묵』(박정선) 등 그의 대표작을 연상케 하는 작품을 쉽게 접할 수 있다.

2. 가르시아 마르케스의 삶과 작품들

가르시아 마르케스는 소나기가 퍼붓던 1927년 3월 6일 일요일에 콜롬비아의 대서양 연안에 위치한 아라카타카라는 마을에서 열한 명의 남매 중 장남으로 태어났다. 그의 작품에서 이 마을은 끊이지 않는 폭우가 내려 홍수가 나며, 무더운 더위가 기승을 부리는 카리브 해의 지역으로 나타난다. 가르시아 마르케스는 귀신 이야기를 해 주면서 그를 떨게 하던 외할머니 트랑킬리나 이구아란 코테스와, 그를 서커스에

데려가고 끊임없이 내전 이야기를 들려주던 외할아버지 니콜라스 마르케스 이구아란의 보호를 받으며 십 년 동안 이곳에서 산다.

그가 어린 시절을 보낸 아라카타카는 『백년의 고독』에서 마콘도란 상상의 마을로 등장하고, 외조부와 함께 살았던 집은 이 작품의 중심 무대가 된다. 또한 외할아버지는 그의 작품 세계 전반에 걸쳐 나타나는 대령들의 일화들을 이야기해 주는데, 그것은 『썩은잎』에서 손자의 기억에 등장하는 대령, 『아무도 대령에게 편지하지 않다』의 대령, 아우렐리아노 부엔디아 대령, 심지어는 유령과 같은 족장 등으로 구체화된다. 한편 외할머니는 그 지역의 귀신 이야기를 마치 이 세상에서 가장 자연스러운 것처럼 천연덕스럽게 들려준다.

열두 살 때 가르시아 마르케스는 보고타 근교에 있는 시파키라 국립 기숙학교에서 장학금을 받는다. 후에 그는 시파키라를 음산하고 추우며 멀리 떨어진 안데스 산맥의 마을로 그린다. 이 시절에 그는 쥘 베른, 에밀리오 살가리, 알렉상드르 뒤마 등의 작품을 섭렵했고, 유명한 시인인 에두아르도 카란사의 지도 아래 시의 세계에 입문한다. 그의 작품에 등장하는 노란 나비와 미녀 레메디오스 등이 바로 이때의 시적 이미지에서 유래한다. 그 후 1947년에 콜롬비아 국립대학에 입학하여 법학을 공부한다. 그 해 첫 번째 단편 「세 번째 체념」이 ≪엘 에스펙타도르≫ 신문에 게재된다.

그러나 1948년 4월 9일 보고타에서 자유당과 보수당 간의 정치 투쟁인 '폭력 사태'가 일어난다. 국립대학은 휴교하고, 가르시아 마르케스는 당시 자신의 가족이 살고 있던 카르타헤나로 옮겨서 ≪엘 우니베르살≫ 신문의 기자로 일한다. 1950년에 바랑키야에서 그는 보고타에서 알고 지냈던 플리니오 아풀레요 멘도사의 주선으로 평생 친구가 될 사람들을 만나게 된다. 그들은 알폰소 푸엔마요르, 알바로 세페다 사무디오와 헤르만 바르가스이다. 또한 스페인의 프랑코 독재로부터 도망 나온 스페인 대학의 교수이자 '카탈루냐의 현자'로 불리던 라몬 비녜스를 만나게 된다. 이들은 모두 『백년의 고독』 후반부에 중요한 인물로 등장한다. 이들은 소위 '바랑키야 그룹'으로 널리 알려져 있으며, 당시 주변 문학의 범주를 벗어나지 못하고 있던 대서양 해안 문학의 진가를 유감없이 보여준다.

1954년에 가장 친한 친구인 알바로 무티스는 가르시아 마르케스에게 보고타로 돌아가서 ≪엘 에스펙타도르≫ 신문에서 일하라고 권유하고, 그곳에서 가르시아 마르케스는 훌륭한 취재기사로 콜롬비아의 유명 언론인으로 자리 잡는다. 이런 경험은 나중에 그가 작가로 변신하게 만드는 데 큰 역할을 한다. 그로부터 몇 개월이 지난 후 보고타에서 그의 첫 번째 소설이자 포크너의 영향이 다분히 보이는 『낙엽』이 출판된다. 출간 직후 그는 ≪엘 에스펙타도르≫ 신문의 유럽 특파원으로 로마로 가서 '로마 영화 실험 센터'에서 공부한다.

그가 파리에 있을 때 군사 독재체제가 들어서면서 ≪엘 에스펙타도르≫ 신문은 폐간되고 가르시아 마르케스는 일자리를 잃게 된다. 파리에서 가난에 찌든 힘든 기간을 보내며 그는 중편 대작으로 꼽히는 『아무도 대령에게 편지하지 않다』를 집필한다. 하지만 이 작품을 쓰기 전에 이미 그는 머릿속으로 다른 소설을 구상하고 있었다. 이 작품은 출처가 불분명한 전단지가 퍼져 주민들 사이에 중상모략과 험담을 야기하여, 결국 이 마을을 혼란에 빠뜨린다는 내용을 담고 있다. 이 소설은 1962년에 『불행한 시간』이라는 제목으로 출판된다. 그런데 이 소설의 집필 과정에서 한 작중 인물이 강력히 부상한다. 그가 다름 아닌 대령이고, 가르시아 마르케스는 이 대령을 중심으로 전개되는 『아무도 대령에게 편지하지 않다』를 먼저 써서, 1958년에 잡지 ≪신화≫에 게재한다.

1960년에 그는 아바나를 방문하여 쿠바 혁명 정권이 세운 '프렌사 라티나' 통신사에서 일하면서 피델 카스트로와 친해진다. 그와의 우정은 죽을 때까지 지속된다. 그리고 1961년에 그가 제2의 조국이라고 부르는 멕시코에 정착하여 알바로 무티스를 다시 만나고, 그곳에서 시나리오 작가이자 언론인 생활로 생계를 영위한다. 1962년 이후 그는 아무 작품도 출판하지 않는다. 그는 이 침묵의 기간을 작가로서 성숙해지기 위한 시간으로 삼으면서, 그를 일약 세계적인 작가로 발돋움하게 만든 『백년의 고독』을 쓴다.

그는 가족과 함께 아카풀코로 운전하며 가는 동안, 갑자기 자신이 청년 시절부터 쓰고자 했던 소설의 구조가 떠올랐다고 이렇게 고백한다. "너무 완전히 생각이 나서 거기에서 타자수에게 첫 장의 단어 하나하나를 구술하고 싶었습니다." 그는 6개월 정도면 이 소설을 끝낼 수 있으리라 생각했지만, 소설을 끝내고 보니 18개월이란 시간이 흘러 있었다고 밝힌다.

1967년 5월에 드디어 『백년의 고독』이 출간되면서, 그의 삶은 하루아침에 바뀐다. 이 소설은 문학 비평가뿐만 아니라 일반 독자에게도 즉시 커다란 반향을 일으키면서 순식간에 라틴 아메리카의 베스트셀러로 자리 잡았고, 대부분의 유럽 국가는 망설임 없이 이 소설을 번역·출판했다. 『백년의 고독』은 이탈리아에서 키안치아노 상을 탔으며, 프랑스에서는 최고의 외국 소설로 결정된다. 미국 비평계는 이 소설을 1970년 최고의 소설로 선정했으며, 1971년에 컬럼비아 대학은 가르시아 마르케스에게 명예박사 학위를 수여한다. 1972년에는 라틴 아메리카에서 가장 권위 있는 베네수엘라의 로물로 가예고스 상을 수상하는데, 그는 여기에서 받은 상금을 '사회주의 운동(MAS)'이라는 좌익 단체에 기증한다.

세계가 『백년의 고독』에 이목을 집중하고 있던 이 시기에 가르시아 마르케스는 놀라운 발언을 한다. 그는 "작품이 마무리되면 나는 더 이상 관심을 보이지 않습니다. 헤밍웨이가 말했듯이 마무리된 책은 죽은 사자와 같습니다. 다음은 어떻게 코끼리를 사냥하는가의 문제입니다." 그 말대로 그는 1967년부터 1975년까지 스페인의 바르셀로나에서 거주하면서 오래 전부터 구상해 왔던 또 다른 소설을 쓰는데 전념한다. 그것은 바로 라틴 아메리카 독재자에 관한 『족장의 가을』로 1975년에 출판된다. 가르시아 마르케스가 자신의 최고 작품으로 꼽는 이 소설은 구체적인 독재자가 아니라, 19세기부터 존재해 왔던 여러 독재자들의 이미지를 종합하여 독재자의 원형을 그리고 있다. 『족장의 가을』을 출판한 후 가르시아 마르케스는 다시 멕시코로 돌아온다. 그러면서 1976년에 칠레의 피노체트가 권좌에 있는 한 더 이상 소설을 출판하지 않겠다고 공언한다.

1980년까지만 해도 이 약속은 잘 지켜지는 듯했다. 하지만 1981년 4월에 이 약속을 깨고 그는 『예고된 죽음의 연대기』를 출판한다. 이 책은 스페인, 아르헨티나, 멕시코, 콜롬비아에서 초판 백만 부가 출판

되면서 라틴 아메리카 출판 역사에 신기록을 세운다. 큰 활자로 200 페이지가 넘지 않는 이 조그마한 작품은 출판 당시부터 커다란 논란의 대상이 되면서 독자들의 관심을 끄는 데 성공한다. 가르시아 마르케스는 "거짓된 르포이며 동시에 거짓으로 가득 찬 소설이다. 이는 정말로 일어난 범죄 사건을 다룬 거짓된 이야기이다."라고 이 작품을 평한다.

1982년 10월 21일에 스웨덴 아카데미는 그해 노벨 문학상 수상자로 가르시아 마르케스를 선정했다고 발표한다. 그해 12월에 가르시아 마르케스는 스톡홀름에서 「라틴 아메리카의 고독」이란 노벨 문학상 수상 연설문을 읽는다. 여기서 그는 세상을 통제하고 지배하는 문명화된 유럽의 진보적 지식인들에게 보다 높고 보편적인 차원에서 진리를 찾아달라고 부탁한다. 서양이 라틴 아메리카를 바라보는 관점에 대해 그는 "우리 현실을 타인의 방식으로 해석하는 행위는 갈수록 우리를 이해하지 못하고, 갈수록 우리를 덜 자유롭게 하며, 갈수록 고독하게 만드는 데 이바지할 뿐"이라고 단호하게 비판한다. 즉, 유럽의 지성인들에게 자신들의 사회를 재단하는 잣대와는 다른 관점으로 라틴 아메리카에게 접근할 것을 요구한다.

이 연설문에서 가르시아 마르케스는 자신이 문학 표현 양식뿐만 아니라 가공할만한 현실 때문에 노벨 문학상을 받았다고 밝히면서, 자기 작품은 종이 위의 현실이 아니라 불행한 현실 속에서 살아가는 모든 창조물의 실제 현실이며, 그것이 창작의 샘물이라서 상상력을 거의 필요로 하지 않는다고 말한다. 다시 말하면, 미국과 유럽 비평가들은 마술적 사실주의를 현실과 환상의 혼합이라고 정의하지만, 그것은 라틴 아메리카의 현실 그 자체이며, 라틴 아메리카 사람들과 그들을 에워싼 세계의 신비로운 관계를 발견하려는 태도라는 것이다.

노벨 문학상을 받은 후 1984년 초부터 가르시아 마르케스는 콜롬비아의 카르타헤나에 대한 소설을 쓰는 데 전념하고, 이것은 『콜레라 시대의 사랑』이라는 제목으로 1985년 12월에 출판된다. 이 소설에서 가르시아 마르케스는 자기 부모들의 일화를 문학 소재로 삼는다. 이 작품은 사랑이 세월의 흐름과 죽음의 공포를 이겨내고 인내와 헌신적인 애정이 행복한 결말로 보상받는다는 멜로드라마 같은 이야기를 담고 있지만, 그 아래로는 라틴 아메리카에 관한 강한 비판과 풍자가 숨어 있다. 사랑과 늙음과 질병이라는 주제와 더불어 자살이나 노화 공포증, 근대화, 사회적 책무나 환경문제들도 탐구하면서, 그가 기존에 보여 주었던 마술적 사실주의에서 다소 벗어난다.

1989년 3월에는 『미로 속의 장군』이 출간된다. 이 역사소설은 라틴 아메리카의 해방자인 시몬 볼리바르를 다룬다. 볼리바르는 여러 가지 정치적 상황으로 인해 보고타에서 산타 마르타까지 생애 마지막 여행을 떠났지만, 이에 관한 역사적 자료는 존재하지 않는다. 가르시아 마르케스는 순전히 상상력만으로 이를 재구성함으로써 역사의 한계를 뛰어넘는다. 그리고 1994년에는 5년간의 침묵을 깨고 카르타헤나를 다시 소재로 잡아 『사랑과 다른 악마들』을 선보인다. 또한 1996년에는 세계적인 마약조직인 메데인 카르텔의 우두머리 파블로 에스코바르가 꾸민 납치 사건을 소재로 『납치 일기』를 발표한다.

한편 2002년에는 자서전 『이야기하기 위해 살다』를 출간하고, 2005년에는 일본 작가 가와바타 야스나리의 『잠자는 미녀』에 영감을 받아 아흔 살의 노인이 십대의 젊은 여자를 사랑하는 『내 슬픈 창녀들의 추억』을 발표한다. 가르시아 마르케스의 마지막 작품이 된 이 소설은 진정한 사랑이란 그 어떤 대가도 요구하지 않으며 절대로 잊히지 않는다는 것을 보여준다. 그런 점에서 이 작품은 오랜 세월 동안 다양한 경험을 한 어느 노인의 삶에 대한 현재의 감정을 보여주는 이야기이며, 생애 처음으로 '사랑'이란 단어의 진정한 의미를 발견한 사람의 기록이다.

가르시아 마르케스는 그가 좋아하던 노란 꽃에 묻혀 역사 속으로 들어가면서 『8월에 만나요』라는 소설을 무덤으로 가져갔다. 이 작품은 그가 『내 슬픈 창녀들의 추억』의 집필을 마친 후 얼마 안 되어 쓰기 시작한 것으로 알려져 있다. 그는 이 작품을 여섯 번이나 수정하는 등, 자신의 마지막 생을 바쳤다고 한다. 이 작품의 일부를 읽은 그의 편집자는 '대작'이라고 평가하지만, 이 소설이 출간될지는 아직 미정이라고 한다.

3. 『백년의 고독』을 이해하기 위해

(1) 시대적 배경

『백년의 고독』은 1830년대부터 1930년대에 이르는 콜롬비아 북부 지방에 배경을 두고 전개된다. 가르시아 마르케스는 이 시기의 역사를 콜롬비아 내전에 대령으로 참여했던 외할아버지의 이야기를 통해 배운다. 이 작품에서 사용되는 가장 중요한 정치·지리·사회적 배경으로는 자유당과 보수당의 싸움, 해안지방 사람들과 내륙지방 사람들,

시에나가의 대학살을 들 수 있다. 1800년대에 들어 콜롬비아는 스페인의 통치에서 해방되고, 이후 강력한 교회와 중앙 정부를 선호하는 보수당과 지방 분권을 지지하고 교회의 권한을 제한하며 언론의 자유와 보편 선거를 주장하는 자유당이 대립한다. 양당체제가 민주주의의 기초를 이룬 서구와는 달리, 콜롬비아에서 이런 체제는 폭력을 야기하게 되고, 그런 경향은 지금도 계속되고 있다.

이런 정치적 문제와 더불어 지리적으로 콜롬비아는 보고타를 중심으로 하는 내륙지방 사람들과 카리브 해안의 해안지방 사람들로 나뉜다. 페르난다 델 카르피오와 같은 내륙지방 사람들은 차갑고 형식적이며 종교적인 반면에, 마콘도 주민들과 같은 해안지방 사람들은 태평하고 형식에 얽매이지 않는다. 한편 4백여 명의 바나나 농장 노동자들이 살해된 시에나가 대학살 사건은 공식 역사에서 은폐되어 거의 잊혀 있다가 『백년의 고독』으로 다시 수면 위로 등장한다. 이것은 승리자의 입장에서 서술되는 공식역사와 패배자들의 입에서 입으로 전해지는 비공식역사 중에서 어느 것이 더 허구적인가를 암시하고, 동시에 소설의 힘이 어떤지도 보여준다.

(2) 『백년의 고독』의 내용

모두 20장으로 이루어진 『백년의 고독』은 6세대에 걸친 부엔디아 가문과 마콘도라는 허구의 세계에 관한 이야기이다. 이 소설은 마콘도라는 마을의 창건에 관한 소개로 시작한다. 마콘도를 세우러 떠나기 전에 사촌이었던 호세 아르카디오와 우르술라는 결혼한다. 그러나 우르술라는 근친상간의 결과로 돼지꼬리를 가진 아이가 태어날 것을 두

려워한 나머지 결혼생활을 거부한다. 그렇게 6개월을 보낸 어느 일요일 프루덴시오 아길라르는 호세 아르카디오가 성불구자일지도 모른다는 사실을 마을 사람들에게 공포한다. 그러자 호세 아르카디오는 프루덴시오 아길라르를 죽이고 우르술라와 사랑을 한다. 이후 죽은 프루덴시오의 망령이 부엔디아 부부에게 계속 나타나고, 결국 그들은 마을을 떠나 마콘도를 세워 다시 시작하기로 결심한다.

처음에 그 마을은 외부세계와 단절되어 있다. 가끔씩 집시들이 얼음이나 망원경 혹은 돋보기와 같은 발명품을 가지고 찾아올 뿐이다. 부엔디아 가족의 족장인 호세 아르카디오 부엔디아는 충동적이고 호기심이 많다. 그는 지도자이지만 동시에 매우 고독하다. 또한 다른 사람들과 유리되어 자석이나 문명의 경이를 집요하게 탐구한다. 이런 특징들은 그의 후손들에게 유전된다. 첫째 아들인 호세 아르카디오는 그의 엄청난 육체적 힘과 충동성을 이어받지만, 둘째 아들인 아우렐리아노는 그의 열정적이고 불가해한 탐구정신을 계승한다.

점차로 마을은 순수하고 고독한 상태를 잃어버리면서 종교와 정치라는 결정적 요소를 지닌 외부 세계의 침략을 받는다. 그러자 곧 이어 내전이 벌어지고, 평화로웠던 마콘도는 폭력과 죽음을 경험한다. 아우렐리아노는 자유당 반군의 지도자가 되어 아우렐리아노 부엔디아 대령으로 명성을 떨치면서 영웅이 되지만, 고독의 희생자가 되어 현대적 삶이 얼마나 불합리한 지를 구체적으로 보여준다.

한편 아우렐리아노 부엔디아 대령이 조카 아르카디오를 마콘도의 책임자로 앉히자, 아르카디오는 질서에 집착하는 못된 독재자임이 드러난다. 그는 전제군주처럼 통치하다가 결국 사형에 처해진다. 그 후 다른 시장이 임명되면서 마콘도는 평온을 되찾지만, 이내 또 다른 반란이 일어나고 그는 살해된다. 그가 죽은 후 평화 조약이 맺어지면서 내전은 끝난다.

　이 소설에는 100년의 역사가 흐르고 있는데, 가르시아 마르케스가 묘사하는 대부분의 사건들은 부엔디아 가문의 삶에서 커다란 전환점을 이루는 탄생이나 죽음, 혹은 결혼이나 사랑들이다. 부엔디아 가문의 몇몇 남자들은 거칠고 방탕하며 사창가를 전전하면서 불륜의 애인을 갖기도 한다. 반면에 다른 사람들은 조용하고 고독하다. 그들은 방에 처박혀 조그만 황금 물고기를 만들거나 오래된 원고를 열심히 연구한다. 여자들 역시 72명의 기숙학교 친구들을 데려오는 메메처럼 굉장히 사교적이고 개방적인 여자에서, 남편과 함께 신방을 차리자 가랑이에 구멍이 난 특별한 나이트가운을 입는 수줍은 페르난다 델 카르피오에 이르기까지 다양하다.

　한편 우르술라 이과란 역시 부엔디아 가문처럼 고집스럽다. 그녀는 성격이 다른 가족 구성원들을 모두 포용하려고 헌신적으로 노력한다. 하지만 부엔디아 가문뿐만 아니라 마콘도는 근대라는 힘에 파괴된다. 제국주의적 자본주의가 마콘도에 도착하고, 바나나 농장은 노동자들을 착취한다. 결국 바나나 농장 노동자들은 미국인들의 비인간적 대우에 분노하여 파업을 하고, 바나나 농장 지주의 편을 들던 군부는 수천 명의 노동자들을 학살한다. 그들의 시체는 바다에 버려지고, 4년 11개월 2일 동안 쉬지 않고 비가 내리면서 마콘도의 멸망을 재촉한다. 이제 살아남은 부엔디아 가족들은 외부세계와 고립된 채 근친상간을 범한다.

이 소설은 부엔디아 가문의 마지막 생존자인 아우렐리아노 바빌로니아가 멜키아데스의 양피지 원고를 해독하는 장면으로 끝난다. 거기서 그는 "사건들을 인간의 전통적인 시간 속에 배열해 놓지 않고 백 년 동안에 일어났던 일상사들을 모두 한 순간에 공존하도록 압축시켜" 놓았다는 것을 깨닫는다. 즉, 부엔디아 가문의 역사가 미리 예언되었으며, 마콘도와 그곳의 주민은 단지 미리 정해진 주기를 살면서, 비극적인 슬픔만을 가미시켰다는 것을 알게 된다. 그리고 독자들은 멜키아데스의 원고가 바로 『백년의 고독』이며, 부엔디아 가문이 이 지상에서 두 번째 기회를 가지지 못하고 사라지는 것은 진정한 사랑을 알지 못하고 고독 속에서 살았기 때문임을 간파하게 된다.

4. 『백년의 고독』의 형식과 구조

(1) 마술적 사실주의

최근 들어 '마술적 사실주의'란 용어가 심심치 않게 들리면서, 『백년의 고독』의 가장 큰 미학적 특징으로 언급된다. 특히 '마술적 사실주의' 계열의 토니 모리슨, 주제 사라마구, 귄터 그라스 등이 노벨문학상을 수상하면서 이 용어는 20세기 후반의 문학적 특징으로 자리 잡는다. 그렇다면 '마술적'이라는 단어와 '사실주의'라는 서로 어울릴 수 없는 두 용어가 결합된 이것은 도대체 무엇일까?

서양 최고의 권위라고 인정받는 M. H. 아브람스의 『문학용어사전』은 다음과 같이 설명한다. "(마술적 사실주의)는 아르헨티나의 호르헤

루이스 보르헤스의 단편집뿐만 아니라, 콜롬비아의 가브리엘 가르시아 마르케스, 독일의 귄터 그라스, 영국의 존 파울즈와 같은 작가들의 작품을 설명하기 위해 사용된다. 이 작가들은 일상의 사건들을 표현하기 위해 자세하게 묘사되는 리얼리즘을 환상적이고 몽상적인 요소들뿐만 아니라, 신화와 우화에서 추출한 요소들과 뒤섞어 놓는다. […] 이들의 소설은 여러 방식으로 극적인 경험 —주제, 형식, 문체, 일상생활, 시간, 환상, 신화, 악몽— 을 통해 표준적인 사실주의 소설들이 구사하는 규범을 위반한다. 그러면서 진지함과 가벼움, 공포와 유희, 비극과 희극의 전통적인 구별을 지워버린다."

이 말에서 알 수 있듯이 마술적 사실주의는 독특한 문학 장르라기보다는 서로 반대되는 요소들을 하나로 통합하려는 것을 목적으로 삼는다. 미국과 유럽의 문학이론가들과 비평가들은 전반적으로 이런 견해에 동조한다. 그들은 마술적 사실주의가 일상적인 현대세계에 위치하면서 인간과 사회를 다루기 때문에 '사실주의와 환상의 융합'이라고 정의한다. 그리고 이런 마술적 사실주의는 유럽의 문명세계가 지닌 이성적이고 합리적인 요인과 원시 라틴아메리카의 비이성적 요소를 결합한 표현이라고 설명한다.

그러나 마술적 사실주의의 대표작가인 가르시아 마르케스는 이렇게 말한다. "상상은 예술가들이 자신들이 살고 있는 현실을 출발점으로 삼아 새로운 현실을 만들어내는 특별한 능력이라고 나는 생각한다. 게다가 나는 이것만이 가치 있는 유일한 예술창작이라고 믿는다. […] 사실 라틴아메리카와 카리브 해의 예술가들은 별로 고안할 만한 것이 없었다. 오히려 그들의 문제는 인위적인 고안과는 정반대로 그들의 현실을 어떻게 믿게 만드느냐 하는 것이었다." 그러면서 이렇게 고백한다. "나는 카리브 해에서 태어나 카리브 해에서 자랐다. […] 그래서 나는 현실보다 더 가공할 만한 것을 떠올릴 수도 없었고… 내가 가장 멀리 도달할 수 있었던 것은 기껏해야 시적 영감을 가지고 그런 현실을 문학작품 속에 옮긴 것이다. 내 책들 중에서 단 한 줄도 그곳에서 일어났던 실제 현실에 기반을 두지 않은 것은 하나도 없다."

M. H. 아브람스와 가르시아 마르케스의 말에서는 마술적 사실주의에 대한 두 가지의 태도가 드러난다. 미국과 유럽의 비평가들은 '마술적 사실주의'라는 모순적 단어의 결합에 착안하여 그것을 사실주의와 환상의 혼합이라고 보는 반면에, 이 용어를 전 세계에 유포시킨 작가는 현실에 집착한다. 그에게 마술적 사실주의는 환상적이거나 심리적인 요소를 포함하지 않으며, 몽환 문학도 아니다. 단지 그를 에워싼 세계에서 신비스러움을 발견하려는 일종의 현실에 대한 태도이다.

이런 두 가지의 태도를 하나로 종합하면, 마술적 사실주의란 종래의 사실주의가 지닌 현실의 좁은 차원에서 벗어나 현실을 보다 폭넓게 이해하고자 한다는 것을 알 수 있다. 즉, 마술적 사실주의자들은 현실이 매일 일어나는 일상사와 경제적 고통뿐만이 아니라, 신화와 신앙 혹은 민간요법까지 포함한다. 다시 말하면, 종래의 사실주의 작가들이 추구했던 '눈에 보이는 현실'뿐만 아니라, 일반인들이 굳게 믿고 있는 '눈에 보이지 않는 현실'까지도 현실로 간주하면서, 현실의 지평을 확장하는 것이다. 그렇게 가르시아 마르케스는 "이성주의자들과 스탈린주의자들이 항상 강요했던 현실의 한계"를 극복하여 보다 광범위하고 다채로운 라틴아메리카의 현실을 다룬다. 이렇듯 가르시아 마르케스

작품 속에서 '환상성'은 대부분 라틴아메리카인들의 산 경험인 '현실'에서 유래되고, 이런 경험을 바탕으로 마술적 사실주의라는 문학양식이 이루어진다.

이렇게 사실주의의 '현실' 개념을 보다 넓게 확장한 마술적 사실주의의 특징은 일반적으로 다음과 같다.

(a) 작품 속에 우리가 알고 있는 우주의 법칙으로 설명할 수 없는 마술적 요인들이 등장한다. 즉, 마술적인 일들이 작품 내에서 실제로 발생한다. 가령 미녀 레메디오스가 실제로 하늘로 올라가는 장면이 대표적이다. 이런 마술은 일반적인 인과관계를 붕괴시키면서, 우리가 알고 있는 현실은 놀라운 것이거나 심지어는 터무니없고 우스꽝스러운 것이 된다.

(b) 세밀한 묘사를 통해 현실과 유사한 허구 세계를 창조한다. 이것은 마술적 사실주의가 사실주의의 계승이자 부활임을 의미한다. 그러나 마술적 사실주의는 전통적인 미메시스(흔히 '모방'이라는 말과 동일시된다. 이것은 대상을 재현하고 재구성하는 창조적 능력을 일컬으며, 이런 미메시스의 정신을 가장 잘 구현하는 것이 사실주의이다)의 역할에서 해방되어 자유롭게 '현실'을 그린다. 이것은 특히 역사적 사건을 독특한 방식으로 재창조하는 것과 관련을 맺는데, 주로 공식적으로 억압받은 역사적 사건들을 서술할 때 많이 이용된다. 가령 가르시아 마르케스는 공식기록에서 사라진 바나나 농장 대학살 사건을 재창조하면서 역사를 복원한다.

(c) 사건 앞에서 독자는 상반된 생각에 망설이며 풀리지 않는 의문을 경험한다. 과학적 합리주의에 익숙한 독자는 마술을 그대로 받아들

이지 못한다. 가장 큰 이유는 사건을 등장인물의 환상으로 이해할 것인지 아니면 기적으로 이해할 것인지, 혹은 서술자의 과장으로 이해할 것인지 알 수 없기 때문이다. 『백년의 고독』에서는 침대시트와 함께 하늘로 올라가는 장면이나 초콜릿을 마시고 신부가 바닥에서 떠오르는 장면, 혹은 수년간 쉬지 않고 내리는 비, 하늘에서 내리는 노란 꽃비, 호세 아르카디오가 죽자 피가 온 동네를 지나 어머니가 있는 곳까지 흘러가는 장면을 대표적으로 들 수 있다.

(d) 두 영역, 혹은 두 세계가 근접하거나 혼합된다. 『백년의 고독』에서 산 자와 죽은 자의 세계의 경계는 유동적이다. 또한 허구와 사실의 경계도 모호하다. 이것은 인류 역사를 통해 여러 문화는 서로 분리되어 있는 것이 아니라 꿈과 환상 속에서 서로 통합되어 있다는 것을 보여준다. 즉 인류의 역사는 죽기를 거부하면서 현재를 재구성하는 방식으로 죽은 이후에도 끝없는 시간을 살아가는 유령과 망령으로 가득하다는 것을 의미한다.

(e) 마술적 사실주의는 기존 사실주의의 시간, 공간, 정체성에 의문을 던진다. 4년 11개월 2일 동안 내리는 비, 과거와 단어의 의미까지도 지워버리는 불면증, 항상 3월이고 언제나 월요일인 방, 집안 마당의 밤나무 아래서 수년간 죽지도 살아있지도 않은 상태로 있는 호세 아르카디오 부엔디아, 마콘도 사람들이 지구상에 다시 존재할 수 있는 기회조차 앗아간 마지막 회오리바람 등으로 인해 시간 개념은 흔들린다.

이런 다섯 가지 특징들로 인해 마술적 사실주의 작품인 『백년의 고독』을 읽을 때면, 어느새 비현실 같은 것들이 현실적인 것과 혼합되면서 독자들이 기존에 지니고 있던 현실의 지평이 증폭됨을 느낀다. 이 현상은 마술적 사실주의가 미메시스의 기능과 지평을 확장시킨 것이며, 동시에 마술적 역사주의가 추구하는 역사성과도 깊은 관련을 맺고 있다. 다시 말하면, 종래의 리얼리즘이 미메시스라는 개념에 바탕을 두고 상상력을 조직적으로 통제한 "허구에 대한 수치스러운 검열조치"인 것과는 달리, 마음껏 상상력을 분출하는 마술적 사실주의는 이성 중심적 사실주의를 극복하고 전복시키는 것이라고 말할 수 있다. 이런 이유로 마술적 사실주의는 전통적 사실주의의 보완이라고 일컬어지기도 한다.

(2) 비전통적 서술시간과 시간의 동시성

『백년의 고독』은 마콘도의 역사를 시간순서대로 기술하지 않는다. 이 작품은 마콘도의 건립에서 멸망, 부엔디아 가문의 기원에서 파멸에 이르는 시간을 중심으로 구성되어 있다. 그러나 가르시아 마르케스는 이런 사건들을 일어난 순서대로 말하지 않는다. 그는 과거와 현재를 두서없이 오가면서 신화적인 느낌을 만든다. 첫 번째 이야기는 고립된 마을 사람들에게 기적처럼 보이는 새로운 발명품들을 가지고 마콘도를 찾아온 집시들에 관해 말하고 있지만, 첫 문장은 아우렐리아노 부엔디아 대령의 처형이라는 미래의 일화를 언급한다. 또한 집시들의 이야기는 호세 아르카디오 부엔디아가 처음으로 얼음을 보는 순간으로 진행되지만, 그것은 아우렐리아노 부엔디아 대령의 회상으로 나타난다. 이렇게 이 소설에서는 시간적 순서에 입각해 전개되는 소설의 전통적 시간이 파괴된다.

이런 비전통적인 시간과 더불어 처음부터 독자들은 『백년의 고독』의 역사적 배경에 대해 확신하지 못한다. 마콘도를 세울 당시 "세상은 생긴 지 얼마 되지 않아서 많은 것들이 아직 이름을 지니고 있지" 않았지만, 독자들은 또한 우르술라의 고조할머니가 1568년에 실제로 일어난 사건인 프란시스 드레이크 경의 리오아차 습격 당시 살아있었다는 것을 알게 된다. 분명히 프란시스 드레이크 경은 모든 사물이 이름을 갖기에 충분했던 세상에 살았다. 실제로 마콘도의 창립이 드레이크의 침략보다 나중에 일어나지만, 이 작품에서는 마치 마콘도의 창립이 드레이크의 침략 이전인 것처럼 서술된다. 이것은 이 작품이 역사적 사건을 시간 순서대로 정확하게 묘사하지 않는다는 것을 의미한다. 이렇게 가르시아 마르케스는 소설 속의 역사적 사실을 믿는 독자들을 어리둥절하게 만들면서 모호한 역사의 늪에 빠지게 한다.

이런 불확정적인 시간 틀은 기억과 역사와 허구의 차이를 없앤다. 집시들의 도착은 진정한 역사로 재구성되지 않고, 아우렐리아노 부엔디아 대령의 기억으로 만들어진다. 이렇게 기억을 통해 객관적인 공식 역사는 주관적이고 몽상적으로 변하는데, 이것은 이 소설 전체를 관통하는 서사전략이다. 여기서 기억은 역사와 같은 무게를 지니고, 역사는 기억처럼 상상과 감정으로 물들여진다. 가령 이 소설의 마지막 부분에서 마을 주민들이 바나나농장 노동자들의 대학살을 잊어버리는데, 그들의 기억상실증은 실제의 역사에서 그들의 기억이 지워졌다는 것을 보여준다. 이렇게 『백년의 고독』에서 실제 현실은 인간의 환상이나 기억처럼 다루어지고, 시간도 그런 과정을 겪는다. 이렇게 객관적 사실을 주관적으로 인식하는 것은 환상적이고 부조리한 경향을 띠게 된다. 즉, '마술적 사실주의'는 신화와 기억, 인간의 환상과 우리자신의 주관성에 의해 색칠된 현실관을 포착하는데 중요한 기법으로 작용한다.

가르시아 마르케스의 글쓰기는 일반적으로 '마술적 사실주의'라고 알려져 있다. 특히 그것은 역사적 사건들을 주관성과 기억으로 물들이는 방법으로 나타난다. 쉽게 확인할 수 있는 마술적 사실주의의 특성은 세속적이고 일상적인 것들이 비범할 정도로 놀랍고 심지어 초자연적인 것들과 혼합되는 것이다. 2장에서 호세 아르카디오는 필라르 테르네르에게 유혹된다. 거기서 우리는 "콩팥을 싸늘하게 훑는 느낌, 뱃속이 텅 비어버린 느낌, 공포감, 도망치고 싶기도 하고 동시에 그 신경질 나는 침묵과 무시무시한 고독 속에 영원히 파묻혀 버리고 싶기도 한 경망스러운 조바심을 더 이상 견딜 수 없었다."라는 대목을 읽게 된다. 여기서 가르시아 마르케스는 거대하고 추상적인 감정으로 구체적인 육체적 사건들을 묘사한다. 이것은 바로 마술적 사실주의의 전형을 보여준다. 상이한 시기의 사건들이 구분되지 않고 혼합되는 것처럼, 현실과 마술 혹은 일상적인 것과 고상한 것도 서로 뒤섞인다.

이와 같은 시간의 주관적 수용은 모든 사건이 동시성을 띤다는 것으로 확장된다. 그것은 가르시아 마르케스가 열두 살 때 버지니아 울프의 소설 『댈러웨이 부인』(1925)을 읽으면서 가진 생각이었다. 그는 나중에 플리니오 아폴레요 멘도사와의 인터뷰에서 그 작품이 "시간에 대한 내 생각을 완전히 바꿔 주었지요. 나는 마콘도와 그것의 마지막 운명의 모든 과정을 순간적으로 보았습니다."라고 말한다. 『백년의 고독』의 마지막 장에서 아우렐리아노는 "멜키아데스는 사건들을 인간의 전통적인 시간 속에 배열해 놓지 않고 백 년 동안에 일어났던 일상사들을 모두 한 순간에 공존하도록 압축"시켰음을 깨닫는데, 이것은 바로 이런 시간이론을 요약해주고 있다.

이런 시간의 동시성을 보여주기 위해 가르시아 마르케스는 전통적 소설 구조가 지닌 서스펜스를 과거와 미래를 거의 동시에 사용하면서 제거한다. 가령 호세 아르카디오 부엔디아가 에덴동산과 같은 마콘도에 편도나무를 심고 있을 때, 가르시아 마르케스 그 장면을 미래로 이동시키면서 "수많은 세월이 흐른 뒤 마콘도가 양철지붕을 씌운 목조 가옥들이 즐비한 마을이 되었을 때, 비록 그 나무들을 누가 심었는지 기억하는 사람이 없었을망정, 가장 오래된 거리에는 부러지고 먼지에 덮인 편도나무들이 남아있었다."라고 말하면서 바나나 나무를 심은 사람들이 마콘도를 침략한 이후의 시간을 서술한다.

끔찍한 바나나 회사의 학살을 목격했던 호세 아르카디오 세군도만이 "시간 역시 장애와 사고를 겪으며, 그래서 시간이 파편화될 수 있고, 방 하나에 영원한 파편 하나를 남길 수도 있다는 사실을 밝혀낼" 통찰력이 있는 사람이다. 이렇게 시간은 가르시아 마르케스에게 살아있으며, 그것은 인간의 삶과 공존하는 수수께끼이고 영원한 현재이다.

그의 목표는 사건들이 일어나는 순간에도 시간은 계속 멈추어 있거나 순환된다는 느낌을 주기 위한 것이다. 그러나 실제로 작품 속에서 시간은 순환적이 아니라 나선형으로 나아간다. 부엔디아 가족은 일련의 반복을 계속한다. 이름과 개성들은 세대에서 세대로 전해진다. 이런 유형은 순환적이 아니라, 나선형에 더 가깝다. 사실 부엔디아 가족은 결코 원점으로 돌아가지 않는다. 대신 순간들과 상황들은 매우 비숫하지만, 과거의 것과는 다르다. 작중인물들은 자기도취라는 그물에 사로잡혀 자신들의 세계가 멸망을 향해 간다는 것을 눈치 채지 못한다. 이런 방식으로 가르시아 마르케스는 콜롬비아 아니 더 넓게는 라틴아메리카 인들이 이 작품의 인물들처럼 과거에 빠져있는 사람이라고 비판하는 것이다.

(3) 언어의 특징

『백년의 고독』이 다루는 영역은 다양하다. 이 작품은 반란이나 봉기와 같은 커다란 역사적 사건을 비롯하여, 주인공들이 살아가는 세세한 개인적 삶도 다룬다. 또한 고상한 것에서 역겨운 것에 이르기까지 전 영역을 다룬다. 가르시아 마르케스는 초현실적인 것을 다루고서 아주 자세하게 창녀집의 더러운 면들을 서술한다. 5장에서 레메디오스 모스코테가 사춘기에 이르자, 가르시아 마르케스는 사실만을 서술하지 않고, 월경의 증거를 만들어낸다.

『백년의 고독』은 집시 멜키아데스의 예언과 마찬가지로 모든 것을 포함하고 있는 소설이다. 즉, 크고 하찮은 것들뿐만 아니라, 황당하고 초월적인 것을 모두 지니고 있다. 그런 의미에서『백년의 고독』은 현실 모방적이다. 그것은 실제의 삶을 모방한다. 실제의 삶은 수많은 목소리와 수많은 감정을 포함한다.『백년의 고독』은 현실을 모방하고 그 삶이 포함하는 모든 것을 담으려 노력한다.『백년의 고독』이 보여주는 이런 모방적 노력은 갑작스럽게 이 이야기에서 저 이야기로 옮겨가며 혼란을 초래하는 이유를 설명해준다. 가르시아 마르케스는 현대의 삶은 혼돈이며 죽음을 향하고 있다고 믿는다. 그래서 그는 그의 소설에 엄격한 구조를 부과하지 않고, 대신 최후의 소멸의 순간을 향해 이리저리 방황하면서 나아가는 방법을 선택한다.

그러나 가르시아 마르케스가 현실의 삶에 포함된 다양한 영역을 포착하려는 모방적 성향을 띠고 있지만, 독자는 그의 언어가 꾸밈이 없고 정확한 대신 종종 은유적이며 완곡어법을 구사하고 있음을 알게 된다. 가령, 가르시아 마르케스는 레메디오스 모스코테가 처음으로 팬티에서 월경의 피를 발견하자 그 순간 피에 대해 직접적으로 언급하지 않으면서 대신 "초콜릿 반죽"이라고 부른다. 그리고 레베카와 호세 아르카디오의 첫 섹스를 언급하면서, 가르시아 마르케스는 처녀막의 상실을 완곡한 표현으로 '은밀함'의 상실로 표현한다.

이런 것들은 왜 가르시아 마르케스가 섹스와 폭력을 묘사하면서 생생하고 사실적인 언어의 사용을 피하고, 인생의 아름답고 추한 모든 면을 탐험하는 소설에서 사건의 사실적인 묘사를 완곡한 표현으로 대체하는지 묻게 만들기에 충분하다. 그것은 가르시아 마르케스가 세속적인 것을 표현할 때는 시적 언어를 이용하고 마술적인 사건을 설명할 때는 세속적인 언어를 사용함으로써 일상세계를 환상적 영역으로 가져가기 때문이다. 또한 이것은 가르시아 마르케스가 이런 에두른 표현을 통해 그의 작중인물들이 사용하는 언어를 그대로 쓰려고 한다는 점을 보여준다. 이 소설은 레메디오스 모스코테의 목소리 속에 그녀가 가졌을 피를 묘사하면서 말한다. 이런 서술 기법, 즉 서술 관점을 이동하고 있다는 것을 공개적으로 지시하지 않는 작중인물의 목소리를 수용하는 것은 흔히 자유간접화법으로 알려져 있다. 『백년의 고독』의 서사적 느낌은 다양한 목소리와 사물들을 다양한 관점에서 바라보고, 그것들을 다양한 인물들이 사용한 주관적 언어로 묘사하려는 소망으로 설명되어질 수 있다.

한편 가르시아 마르케스가 구사하는 언어의 특징은 노동자들의 학살이라는 가슴 아픈 사건과 그것을 숨김없이 말하는 서술 방식에서도 엿볼 수 있다. 그는 피와 핏덩이에 관한 충격적인 언급을 거의 하지 않는다. 기관총 사격은 '회오리바람'과 비교되고, 노동자 군중은 '양파'로 비교된다. 이 일화는 몇 페이지 되지 않아 끝나고 만다. 그리고 거의 즉시 호세 아르카디오 세군도를 제외한 모든 마을사람이 그 사건을 잊어버린다. 그러나 가르시아 마르케스의 사실적인 어조는 그 사건의 끔찍함을 전혀 감소시키지 않고 그것을 사실적으로 정확하게 서술한 문체보다 더 무섭게 다가온다. 그것은 작가자신이 너무나 소름끼쳐서 그 사건에 대해 많은 시간을 할애할 수 없는 것처럼 보이기 때문이다.

5. 『백년의 고독』의 주요 주제들

(1) 고독

가브리엘 가르시아 마르케스는 소설가란 단 한 권의 책을 쓴다고 말한다. "내 경우는 마콘도의 책이라고들 말합니다. 그러나 조심스럽게 생각해 보면, 내가 쓰고 있는 책은 마콘도에 관한 것이 아니라 고독에 관한 것입니다." 가르시아 마르케스에게 고독은 단지 고립이나 세계와 결별하여 은둔하는 것만을 의미하지는 않는다. 그는 이 용어를 정치적이자 개인적인 것으로 사용한다. 그에게 '고독'은 단합이나 단결의 반대이다. 가르시아 마르케스는 "아우렐리아노 부엔디아 대령의 이야기 즉, 전쟁과 권력의 획득은 고독을 향해 나아가는 길"이라고 지적하면서 절대 권력을 절대 고독으로 규정한다.

또한 가르시아 마르케스는 "마콘도의 재앙은 단합하지 않는데 기인합니다. 모든 사람이 자기 자신만을 위해 행동할 경우 그 결과는 고독입니다. 그것이 바로 고독의 정치적 개념입니다."라고 설명한다. 이렇듯 『백년의 고독』의 주요 목표는 "고독에게 정치적 의미를 암시적으로 부여하는 것"이다. 고독은 『백년의 고독』에서 가장 의미 있고 매력적인 인물인 아우렐리아노 부엔디아 대령을 파괴한다. 9장에서 그는 "무한한 권력의 고독 속에서 길을 잃고서 그는 방향감각을 잃어가기 시작"한다. 그리고 다른 사람과 힘을 합치거나 사랑하지 않는 인생은 가치 없다는 것을 깨닫는다. 대령은 이런 혼란 상태에서 헤어나려고 노력하지만 실패만 거듭한다. 결국 그는 고독으로 인해 인간성을 갖지 못하게 했음을 알게 된다.

아우렐리아노 부엔디아 대령은 전쟁이 끝나지만 평화의 상태로 돌아가지 못한다. "전쟁이 모든 것을 앗아가 버려" 고독의 공허함으로만 돌아갈 수 있을 뿐이다. 이렇게 고독은 아우렐리아노 부엔디아 대령뿐만 아니라 부엔디아 가족과 마콘도도 파괴한다. 그것은 "고독의 마마 자국"이며, 가르시아 마르케스는 그것이 자기의 조국 콜롬비아도 파괴한 주범임을 암시한다.

이렇게 가르시아 마르케스가 '고독'이라고 부르는 개인주의의 파괴는 작품 전체를 관통하는 주제이다. 그는 타인들과 공유하는 보다 큰 세계보다 나르시시즘, 자기도취, 자기와 자기 가족만을 사랑하는 것이 얼마나 위험한지 지적한다. 가령, 우르술라가 집에서 내쫓은 결과로 레베카와 호세 아르카디오는 고립된다. 남편을 일찍 여읜 후, 레베카는 홀몸이 되어 "얼굴 피부가 고독의 쓰라림으로 거칠게 터버린" 채 가르시아 마르케스가 고독이라고 부르는 육체의 파멸을 견딘다. 고독이란 너무나 끔찍해서 여행 도중에 죽은 집시 멜키아데스도 고독을 참을 수 없어 마콘도로 돌아온다.

그러나 고독은 부단한 유혹으로 다가온다. 그것은 오랜 삶의 노고에서 벗어난 안락함이자 피난처이다. 대령은 고독 속에 빠지고, 고독은 레베카에게 부엔디아의 집으로 돌아오면서 호세 아르카디오와의 행복을 포기해야 한다면 그것을 거절하는 편이 낫다는 현명한 선택을 하게 만든다. 고독의 안락함은 노년의 상처를 참고 지내는 수단이 된다. 가르시아 마르케스는 레베카가 "고독의 특권을 누리기 위해 오랜 세월 고통 속에서 스스로 비참하게 살아왔으며 […] 남들의 자선에 의지해 살면 좋을 거라는 환상 때문에 노년의 삶을 방해받으면서까지 그 특권들을 포기할 준비가 되어 있지 않았다"라고 말한다. 이렇게 고독은 독립과 연결되며, 그런 상황에서 존엄성을 획득한다.

거의 죽을 무렵 아마란타는 "고독의 심오한 이해"를 경험하고, 마침내 쓰라린 고통에서 해방된다. 만일 고독이 아우렐리아노 부엔디아 대령의 경우처럼 모든 것에 무감각하게 만든다면, 그것은 회복될 수 있다. 아우렐리아노 세군도와 페트라 코테스는 늙어서 다시 사랑을 하면서, "함께 고독을 나눌 낙원을 발견하기까지 얼마나 많은 인생을 소비했는가를 생각하며" 아쉬워한다. 이렇듯 고독의 불가피성은 전적으로 달갑지 않은 것만은 아니다.

(2) 향수

고독과 마찬가지로 향수에 대한 모호한 매력도 『백년의 고독』에서 매우 중요한 주제다. 가르시아 마르케스는 "마콘도는 향수로 지어진 마을이다"라고 설명하면서, "향수의 장점은 그것이 한 사람의 기억에서 모든 불쾌한 점을 제거하고 단지 좋은 것만을 남긴다는 것이다."라고 지적한다. 그러나 향수는 고독보다 인간의 단합에 더욱 큰 위험 요소이다. 그것은 개인을 현재에서 멀어지게 만들기 때문이다. 바로 이 점에서 아우렐리아노 부엔디아 대령은 영광의 향수에 이르고, 그것은 그를 최종적이자 완전한 고독에 침잠하게 한다.

그러나 고독과 마찬가지로 향수도 위안을 줄 수 있다. 황폐하고 메마른 페르난다의 마음은 마침내 "처음으로 밀려온 향수"로 깨지고 만다. 그때서야 비로소 그녀는 "고독 속에서 인간미"를 띠어가면서 과거의 딱딱한 삶에서 해방된다.

『백년의 고독』에서 고독과 향수는 유전된다. 할아버지인 호세 아르카디오의 기억을 통해 아우렐리아노 세군도는 늙은 집시 멜키아데스와 만나면서 자기만의 세계에 침잠한다. 나이가 마흔이 되어 보이지 않고 까마귀 날개처럼 생긴 구식 모자를 쓴 모습으로 멜키아데스는 몇 해 동안 거의 날마다 나타난다. 한편 마지막 아우렐리아노도 아우렐리아노들의 크고 통찰력이 있는 눈을 가지고 태어난다. 이것은 부엔디아 가족과 콜롬비아 역시 고독과 향수로 나아가는 경향이 있으며, 세대가 흘러도 이런 성향은 반복된다는 것을 보여준다.

(3) 제국주의 비판

『백년의 고독』에서 또 다른 주요 주제는 제국주의에 대한 가르시아 마르케스의 분노이다. 12장에서 그는 미국인이 콜롬비아의 풍요로운 자연을 어떻게 착취했는지 보여준다. 그들은 "호세 아르카디오 부엔디아와 그가 거느린 남자들이 위대한 발명의 세계로 통하는 길을 찾아 산을 넘어 도착했던 그 마법의 지역에" 바나나를 심는다. 이름이 지칭되지 않은 바나나 회사 —분명히 유나이티드 프루트 회사에 바탕을 둔 회사— 가 마콘도에서 저지른 파괴는 너무나 가공할 만한 것이어서, 아우렐리아노 부엔디아 대령은 "전쟁이 끝날 때까지 전쟁을 계속을 하지 않았던 것은 자신의 실수였다는 명확한 확신으로" 고통 받는다.

내전으로 국가가 양분되었지만 그것이 양당체제라는 성공적인 정권으로 발전했다면, 콜롬비아 정부는 외국의 침략을 물리칠 수 있는 충분한 힘을 가질 수 있었을 것이다. 이 작품에서 대령은 국가가 너무나 심하게 파괴된 나머지 이제는 시간이 늦었다는 것을 깨달으면서, 그는 "요 며칠 이내로 내 아들들을 전부 무장시켜 이 똥 같은 미국 새끼들을 모조리 없앨 거야."라고 소리친다. 그러자 콜롬비아 군부와 연합한 바나나 회사는 그 기회를 잃어버리지 않고, 아우렐리아노 부엔디아 대령의 아이들은 모두 비밀경찰에 의해 목숨을 잃는다.

이후 유명한 1928년 파업이 등장한다. 군대는 병력과 기관총을 동원하여 아무런 힘도 없는 남녀노소를 향해 무차별적으로 발사한다. 이것은 모두 호세 아르카디오 세군도에 의해 목격된다. 하지만 그는 아무도 죽은 사람이 없다는 말만 듣는다. 이렇게 가르시아 마르케스는 거짓 정보를 극대화시킨다. 그것은 바로 정부나 유사 정부 단체에 의해 고의적으로 유포된 거짓 정보로, 진실을 감추거나 여론을 호도하기 위한 것이다.

　한편 마콘도에서의 바나나 농장에 관한 대목에서도 서양 제국주의가 라틴아메리카를 어떻게 만들었는지에 대한 역사가 숨겨져 있다. 『백년의 고독』에서 가르시아 마르케스는 바나나 농장의 자본주의 제국주의를 탐욕적이며 마콘도 주민들에게 해로운 것으로 묘사한다. 보수당 정권이 지지한 자본주의와 제국주의는 마콘도에게 야만적 행위를 일삼고 주민들을 탄압한다. 이렇게 가르시아 마르케스는 단지 소설이라는 허구를 쓸 뿐만 아니라, 라틴아메리카에서의 정치와 삶에 관한 이야기를 하고 있는 것이다. 이런 점에서 『백년의 고독』은 사회적·문화적 책임이라는 짐을 짊어지고 있는 소설이다.

네루, 『세계사 편력』
— 어떤 역사를 읽을 것인가?

이광수

이광수는
인도 델리대학교에서 역사학 전공으로 박사 학위를 받았다. 지금은 부산외국어대학교 인도학부 교수로 재직하고 있으며, 반전 평화 단체인 〈아시아평화인권연대〉의 공동 대표다. 『인도는 무엇으로 사는가』, 『카스트:지속과 변화』(공저), 『인도사에서 종교와 역사 만들기』, 『암소와 갠지스』(공저) 등의 저서와 『고대 인도의 정치 이론』, 『성스러운 암소 신화』, 『인도 고대사』, 『마누법전』(공역), 『테러리즘, 폭력인가 저항인가?』, 『침묵의 이면에 감추어진 역사』 등의 역서가 있다.
gangesh@bufs.ac.kr

1.

    네루는 1889년 11월 14일 인도 북부 웃따르 쁘라데시(Uttar Pradesh) 주에 있는 알라하바드(Allahabad)에서 태어났다. 카시미르 브라만의 가계에서 자란 네루는 아버지 모띨랄 네루(Motilal Nehru)의 영향을 크게 받았는데, 변호사 아버지의 뒤를 이어 자신도 법학을 공부했고, 민족주의자 아버지의 영향 아래 자신도 민족주의 노선을 걸었으며, 서구 문화를 적극적으로 수용한 아버지와 함께 서구적 합리주의를 인생관으로 삼았다. 1905년 영국으로 유학 케임브리지대학 트리니티 칼리지를 졸업, 자연과학 학위와 변호사 자격을 취득하고 1912년 귀국하였다. 영국에서 돌아온 후 1916년에 민족운동에 뛰어든 후 간디를 만나 그의 열렬한 지지자가 되었다. 그 후 인도국민회의에 가담해 민족운동에 본격적으로 매진하였다.

    그러면 여기에서 네루가 활동을 시작하던 당시의 인도 상황을 한 번 알아보도록 하자. 인도는 1757년 영국의 동인도회사에게 벵갈 지역이 식민지로 전락당한 이후 100여 년에 걸쳐 전국적으로 영국의 식민 지배에 신음하였다. 식민 지배를 한 지 100년이 자나면서 인도인들은 식민 정부에 저항하기 시작하였고 이에 불안을 느낀 영국 정부는 '인도국민회의'라고 하는 정당 창립을 주도하였다. 초기의 인도국민회의는 영국의 통치에 대해 긍정적인 입장을 견지했으나 시간이 가면서 자치에 대한 요구가 높아졌다.

영국 정부는 1919년에 인도인의 체포나 구금을 영장이나 재판 없이 하고, 언론, 사상, 집회의 자유를 탄압하는 내용을 골자로 하는 '로울랏프(Rowlatt) 법안'을 발효하였고, 이에 간디는 파업을 무기로 삼아 저항하였다. 그러자 영국군은 이 운동을 무력으로 진압하였고, 그런 가운데 비극적인 사건이 뺀잡(Punjab)주의 아므리프사르(Amritsar)에서 일어났다. 영국군이 로울랏트 법안에 반대 시위를 하고 있던 비폭력 비무장 군중들에게 발포하여 10분 만에 379명을 죽인 대학살을 자행한 것이다. 간디는 단식을 통해 인도 인민의 폭력 자제를 촉구하면서 일체의 영국 통치를 거부하는 시민 불복종 운동을 전개하였다. 간디의 시민 불복종 운동은 인도에서 힌두와 무슬림의 공동 전선 구축을 통해 이루어진 것이어서 그 동안 서로 불편해 있던 두 종교 공동체의 단합을 위한 좋은 계기로 작용하였다. 그런데 이 운동이 진행되면서 곳곳에서 폭력 사태가 발생했다. 영국 경찰과 군대는 전국에 걸친 농민과 노동자의 저항을 거듭 폭력으로 막았고, 결국 무력 충돌로 비화될 수밖에 없었다. 여러 곳에서 심각한 폭력 사태가 터지자 간디는 시민 불복종 운동의 중지를 선언하였고 체포되어 투옥되었다.

당시 무슬림 정치 지도자들은 간디의 이러한 돌연한 운동 정지 선언을 배신으로 여겼다. 그 때문에 힌두교도와 무슬림사이에 균열이 다시 부상하면서 두 종교 공동체 사이의 갈등이 비화될 조짐을 보였다.

사실 무슬림들이 간디, 혹은 힌두 민족 지도자에 대해 의심하기 시작한 것은 영국이 처음으로 자치를 언급한 1919년 법에 의한 정부 조직 내용부터였다. 무슬림 지도자들은 그 법으로 입법 의회에 참여할 수 있는 사람은 대부분 다수인 힌두 집단에서 나올 수밖에 없다는 것을 알고 더 크게 반발했다. 무슬림 지도자들은 새롭게 도입되는 의회 민주주의에서 이제 영국인뿐만 아니라 힌두교도에게도 자신들이 소수로서 억압받을 수밖에 없을 것이라고 우려했다.

네루가 본격적으로 정치 일선에 나선 것은 이런 상황에서였다. 즉, 인도인들이 본격적으로 반영(反英) 투쟁을 전개하였고, 간디를 중심으로 하는 비폭력 비협력 운동이 크게 위세를 떨쳤으나 힌두와 무슬림 두 종교 공동체 사이에 균열이 생기면서 갈등이 심화되었다. 이런 과정 속에서 네루는 간디와 함께 비협력 운동을 전개하던 1921년 이후 몇 차례에 걸쳐 투옥되는 등의 고초를 겪으면서 민족운동의 젊은 지도자로 부상하였다. 그러던 중 네루는 1926년 부인의 신병 치료차 영국으로 건너간다. 영국에서 1년 동안 정치 일선에서 휴식하는 동안 네루는 많은 생각의 변화를 일으켰다. 그 가운데 가장 중요한 것은 마르크스-레닌주의에 대한 깨달음이었다. 그는 인류가 지향하는 역사의 목표를 러시아 볼셰비키 혁명에 설정하였다. 그 후 네루는 간디와 결별하지는 않으나, 전적으로 간디의 노선을 추종하지도 않았다. 네루는 반영독립투쟁에는 간디와 함께 하였으나 간디의 농촌 중심의 민족주의적 경향과 달리 국가 및 국제 연대 중심의 사회주의적 강령 도입을 민족 운동의 주요 목표로 삼으면서 과거의 소극적 자치에서 벗어나 완전 자치, 즉 독립을 최종 목표로 삼았다.

영국에서 돌아온 이후 네루는 1929년 인도국민회의 라호르(Lahore) 대회에서 의장으로 선출되었다. 네루는 이 대회에서 처음으로 운동의 목표를 인도의 완전 자치로 이끌어냈다. 이후 간디는 새로 부임한 어윈 총독과 인도에 자치 수준에 대한 새로운 헌법과 연방제 구성을 위한 원탁회의를 가졌으나 아무것도 얻지 못했다. 이후 간디의 지도력에 대한 민족 지도자들의 불만이 고조되면서 간디는 1933년 인도국민회의의 전면에서 퇴진하였다. 그리고 1930년대 인도 정치 초미의 관심사는 아무래도 자치를 둘러싼 민족진영과 제국정부 사이의 싸움이었다. 자치를 처음 합법적으로 보장한 것은 1919년 법이었으나 실제 본격적인 쟁투는 1930년대 들어서부터였다. 1929년 완전 자치를 천명한 후 네루와 다시 복귀한 간디를 중심으로 한 민족진영은 완전 자치를 향해 가열 찬 시민 불복종 운동을 벌였다. 그 정점을 이룬 것은 1930년에 일어난 단디(Dandi) 행진이라는 사건이다. 단디 행진이란 사건은 간디를 필두로 하여 인도의 인민들이 간디가 묶은 도량에서 단디 해안까지 소금을 채취하기 위해 행진한 사건이다. 소금은 인민들의 필수품인데, 제국 정부가 생산을 독점해 인민들에게 큰 피해를 주자 인민들을 위하여 제국 정부의 법을 어기면서 그들의 지배에 저항하는 운동이었다. 이 운동으로 인하여 간디는 체포되었고, 네루 또한 체포되어 감옥에 들어가게 된다.

이후 인도 민족진영의 운동은 완전 자치를 향한 투쟁으로 일관되게 진행되었으니, 그것은 네루가 다시 출옥한 후 성사시킨 1935년의 인도통치법을 향해 가고 있었다. 인도통치법은 연방제, 의회제, 내각책임제, 지방 자치제 등의 행정 원칙에 관한 것인데, 비록 식민 지배 아래에서이지만 인도 국민이 참정권을 획득하게 되었다. 1935년 인도 통치법에 의해 인도는 호주나 캐나다 등과 같은 대영제국의 자치령의 지위를 사실상 인정받았다. 하지만 1935년 통치법은 치명적인 결함을 가지고 있었다. 1909년에 실시된 무슬림 분리 선거제가 이제 이 법에 의하여 다른 소수 종교 공동체들까지 확대되면서 결국 인도의 분리를 조장하고 더욱 확인시켜 준 결과를 가져온 것이다. 무슬림 집단 등은 1935년 통치법을 이루어낸 것이 인도 민족의 해방을 위해서가 아닌 힌두 집단의 이익을 위해서였다고 믿었기 때문이다. 무슬림들은 신드(Sindh)나 서북변경주(North-West Frontier Province) 정도에서나 무슬림 다수 의회를 구성할 수 있을 뿐, 뻔잡이나 벵갈 같은 무슬림 다수 주에서도 절대다수를 차지할 수 없기 때문에 항상 힌두와 연립 정부를 구성해야 할 것이라 내다보았다. 그렇게 되면 자신들은 늘 당할 수밖에 없을 거라는 피해의식에 사로잡혔다. 이 법은 무슬림 등의 두려움을 과소평가하였고, 그 두려움은 현실 정치의 힘의 논리와 감성의 동원이라는 구조에서 눈덩이처럼 커져만 갔다. 그리고 인도는 독립과 분단이라는 상처뿐인 영광을 향해 걸어갈 수밖에 없었다.

2.

『세계사 편력』(Glimpses of World History)은 바로 이 기간 즉 네루가 인도국민회의 의장으로 활동한 후 1935년 "인도통치법"이 통과되기 전까지의 폭풍전야 기간 동안 쓰인 것이다. 이 책은 네루가 1930년 10월 26일부터 1933년 9월 8일까지 약 3년의 옥중 생활을 하는 동안 자신의 딸 인디라 쁘리야다르시니 네루(Indira Priyadarsini Nehru)-나중에 페로즈 간디(Feroz Gandhi)라는 사람과 결혼하여 이름이 인디라 간디로 바뀌었다-에게 쓴 196회분의 편지를 하나로 묶은 것이다.

네루가 투옥 되었을 때 그의 딸 인디라는 만 열세 살의 어린 소녀였는데, 네루 부부는 물론, 네루의 부모이자 인디라의 할아버지와 할머니인 모띨랄 네루 부부까지도 모두 투옥되었거나 병석에 누워 있어 사실상 혼자 자라고 있었다. 이러한 상황에서 네루는 민족과 조국을 위한 운동도 중요하지만, 조국과 민족을 위해 자식을 희생하는 것은 바람직하지 않다고 여겼다. 그래서 그는 멀리 감옥에 있어 몸은 비록 자유롭지 못한 상태이지만, 편지를 통해서라도 자식을 교육시켜야겠다고 마음을 먹은 것이다.

네루는 브라만 가문에서 자랐는데, 커서는 영국으로 건너가 자연과학과 법학을 전공하여 변호사가 되었다. 따라서 그는 역사학을 특별히 공부한 적이 없었으나 자녀를 위한 교육으로 세계사를 택했다. 그가 자녀 교육을 위해 세계사를 그 주제로 선택한 것은 두 가지의 이유에서였다. 첫째는 세상을 살면서 무엇이 옳고 그른가를 분별하는 것이 매우 중요한데, 그것을 위한 가장 좋은 방법은 설교가 아니고 대화하고 토론하는 것이며 그것은 역사책을 통해서 할 수 있기 때문이다. 두 번째는 자신의 나라 인도가 100년 넘게 영국의 식민 지배를 받아 온 후 비로소 역사를 만들어 가는 중에 있기 때문에 그 과정에 참여하는 것이 무엇보다 매력적이고 흥미로우며, 자신의 딸이 성장하여 인도를 위해 싸우는 훌륭한 전사가 되기를 바랐기 때문이다. 이 책은 역사에 참여하는 정치인과 역사를 토론하는 지식인과 자녀를 사랑하는 따뜻한 아버지 네루의 풍모가 고스란히 담겨져 있다.

네루는, 본인이 분명하게 말하였듯, 전문 역사학자가 아니지만, 어떤 전문 역사학자 못지않게 분명하고 일목요연한 자신만의 역사관을 보여준다. 따라서 이 책은 네루라는 한 정치인이 가진 고유한 역사관의 반영이면서 동시에 나중에 독립국 인도의 수상이 되어 식민 이후 시대에 국가 건설 과정에서 펼친 여러 정책의 기초가 되기도 한다. 그는 전문 역사학자들이 사용하는 역사 분석 방법이나 문장 대신 일상적인 글로 역사를 서술했는데, 수시로 당시의 상황이나 특정 개인에 대한 평을 삽입하는 서술 방식으로 글을 썼다.

네루는 딸에게 보낸 편지들을 단지 딸만을 위해서 쓰지는 않았다. 그 시대를 겪는 지식인으로서 갖는 세계사에 대한 관점을 서술하되 나중에 책으로 편찬할 것을 예상하고 서술하였다. 그래서 이 책은 단순한 편지 묶음이라기보다는 상당한 식견을 갖춘 역사책으로 전혀 손색이 없는 것이다. 네루는 아래와 같은 몇 가지의 관점에서 편지들을 썼다. 우선, 전체 196개의 편지를 크게 네 가지의 시대로 구별하여 썼다. 네루 스스로의 기준으로 삼은 시대 구분에 따르면 고대에 해당하는 부분이 42개, 중세에 해당하는 부분이 39개, 근대에 해당하는 부분이 64개, 현대에 해당하는 부분이 51개로 근현대가 그 이전 시기보다 압도적으로 더 많다. 따라서 네루는 역사는 고대, 중세, 근대, 현대의 네 가지로 시대 구분이 가능하되, 그 가운데 근대와 현대가 매우 중요하다고 생각하였다. 이는 네루가 이 책을 쓰게 된 계기가 당시 세계의 역사를 아는 것이 그 무엇보다도 중요한 지혜와 지식을 주는 것이라 생각했기 때문이다. 따라서 그의 역사에 대한 생각은 1920년대부터 1930년대를 거치는 동안 인도가 처한 식민지 상황으로부터 나온 것이고, 그것을 중심으로 하여 세계의 정치, 경제를 이해하기 위한 수단으로 인식한 것이다.

네루는 이 책을 통해 인류의 역사는 진보한다는 믿음을 보여준다. 그에 의하면 인류는 비인간적인 야만의 시기를 겪지만 꾸준히 전진하여 결국에는 더 나은 삶을 누리는 방향으로 진보한다. 그 진보의 추동력은 이성과 과학의 발전이다. 그래서 그는 당시 대부분의 역사학자와 지식인이 그랬듯이 세계사를 거시적으로 바라보았고, 그 역사는 국가와 문명을 중심으로 이루어졌으며, 변화의 근본은 정치, 경제, 사회에 있었다. 그래서 그 틀에서 벗어나 일상생활을 중시하는 미시사적 관점은 전혀 찾아볼 수 없다. 그는 특히 종교에 대해 매우 비판적 입장을 취했는데, 이는 합리와 이성 중심의 근대성에 근거를 둔 것이다.

이러한 네루의 근대주의 역사관은 마르크스의 유물론적 역사관에 기초하고 있다. 그래서 그는 자본의 대중에 대한 착취를 책의 여기저기에서 여러 차례 강조한다. 넓게 볼 때는 생산 도구가 역사를 바꾸고, 생산력의 하부 구조가 법·종교·도덕·문화 등 상부 구조를 규정한다는 마르크스적 유물사관을 자신의 역사관으로 가지고 있고, 조금 더 좁게 볼 때는 사회주의자이지만 유혈 혁명과 같은 급격한 변화를 추구하지 않고 점진적인 사회 개혁을 바라는 페이비안(Fabian) 사회주의를 신봉하는 정치인의 관점이다. 그가 노동자와 농민 등 생산자이면서 역사에서 소외당한 계급을 역사의 주인공으로 인식하고, 제국주의의 비인간성과 잔인함에 대해 강하게 비판한 것은 그가 자유주의적 마르크스주의를 자신의 역사관의 기초로 삼고 있었기 때문이었다. 그는 마르크스를 역사 진보의 선지자로, 레닌의 소비에트 혁명을 위대한 인류의 역사로 찬양하였으나 그렇다고 유혈 혁명을 지지한 것은 아니다. 그는 공산주의 혁명보다는 민주주의와 의회주의를 더 가치 있는 것으로 인식하였다. 그래서 네루에게 가장 이상적인 사회는 경제에 관한 사회주의와 정치에 관한 민주주의를 혼합하는 것이었다. 그것만이 인류의 가난과 비참함을 종식시킬 수 있다고 보았다. 과학과 산업의 발전이 필수적이고 국가의 역할이 중요하다고 생각하였다. 이는 독립 후 정부를 이끈 수상으로서 국가자본주의를 실시하면서 중공업 산업 중심의 경제 정책을 편 것과 연결된다.

네루는 역사학에서 당시 지배 담론의 역할을 하던 유럽 중심의 역사를 비판하였다. 그는 유럽의 역사가 중요하듯, 아시아를 비롯한 아프리카, 남아메리카 등의 역사 또한 중요하다고 하는 인식을 가졌다. 그래서 서양사 위주의 역사 서술에서 탈피하여 전 세계 모든 지역의 역사를 서술하려는 매우 값진 노력을 펼쳤다. 그래서 그는 그 동안 (아니 심지어는 오늘날까지도) 역사 서술에서 무시당하고 배제당한 인도, 서아시아, 동남아시아, 북아시아, 중앙아시아, 아프리카, 아메리카 인디언, 중남아메리카 등의 역사를 결코 배제하지 않았다. 네루가 유럽 중심의 역사를 비판하면서 세계 각 지역의 역사를 중요하게 다룬 것은 유럽 중심의 역사가 제국주의와 관련을 맺기 때문이라고 생각해서이다.

그래서 그는 그러한 지배와 피지배를 극복하기 위해 세계사는 서로 다른 지역의 상호 교류와 그 후 발생하는 종합에 관한 이야기여야

한다는 믿음을 강하게 가졌다. 세계사는 각 국가의 상호 교류와 협력을 위한 조직이 필요하고 그 위에서 진보한다. 민족주의보다는 국제주의를 더 강조한다. "인도 문화의 최고 가치는 그 종합에 있다."고 말함으로써 교류와 연대를 강하게 주장한다. 교통 통신의 발달은 인류의 상호 접촉을 증가시키고 그것이 국제 연대를 이룬다는 점에서 지지했으며 그런 점에서 당시 힌두 민족주의 등을 주창한 좁은 민족주의에 대해서는 반대하였다. 민족주의는 국제관계 안에서 의미가 있을 뿐 그 자체만으로는 무의미하다. 그래서 '세계사'가 필요하다는 것이다. 네루에게 특히 의미 있는 교류는 동양과 서양의 교류다. 네루가 독립 이후 인도의 초대 수상이 되면서 미국과 소련의 양대 블록 형성과 냉전 상태를 반대하면서 제3세계의 비동맹을 주창하고 나선 것은 바로 이러한 사상의 결과인 것이다.

네루는 국제 연대주의자이면서 동시에 민족주의자였다. 그는 궁극적으로 식민지 인도의 완전 자치를 위해 정치 현장에 직접 참여한 지식인으로서 무엇보다도 조국의 독립을 위해서는 인도 인민의 자신감과 자부심의 회복을 필요로 하였다. 그는 그것을 위해 고대 인도를 찬란한 영광으로 삼아 그 역사를 위대한 민족의 역사로 서술하였다. 결국 그러다 보니 힌두민족 혹은 힌두국가를 자랑스럽게 여겼고, 그 팽창의 역사를 영광의 역사로 인식하였다. 이는 곧 인도 땅에 들어온 이슬람의 역사를 본의든 아니든 비하 하거나 가치를 절하 하는 것으로 연결된다.

네루가 힌두문명에 대해 큰 자부심을 가졌지만 그렇다고 그가 힌두민족주의자인 것은 아니다. 그는 자신이 활동할 당시부터 큰 세를 얻기 시작한 힌두공동체와 무슬림공동체 사이의 갈등에 대해 매우 비판하였고, 특히 무슬림을 적대시 한 힌두공동체주의자들의 역사관을 신랄하게 비판하였다. 11세기에 지금의 아프가니스탄의 가즈니에 터를 잡은 마흐무드가 인도를 침략해서 약탈을 자행한 사건도 힌두공동체주의자들이 주장한 것처럼 무슬림이 힌두를 능멸하거나 그들이 야만스러워서가 아니고 다만 모든 역사에서 드러난 단순한 침략자의 약탈이라고 했다. 네루는 힌두와 무슬림의 단합을 위해 최대한 싸웠는데, 이 책의 곳곳에 그 기반이 되는 역사관이 잘 드러나 있다. 그래서 그는 인도 사회의 발전은 종교적 가치가 아닌 세속적 가치를 통해서 이루어져야 한다고 주창했고, 독립 후 국민국가 인도의 국기로 세속주의를 선택한 것도 이와 같은 맥락에서였다.

3.
네루는 인류가 지향하는 역사의 목표를 러시아 볼셰비키 혁명에 근거하여 설정하였다. 그 후 네루는 간디와 결별하지는 않으나, 전적으로 간디의 노선을 추종하지도 않았다. 네루는 반영독립투쟁에는 간디와 함께 하였으나 간디의 농촌 중심의 민족주의적 경향과 달리 국가 및 국제 연대 중심의 사회주의적 강령 도입을 민족 운동의 주요 목표로 삼으면서 과거의 소극적 자치에서 벗어나 완전 자치 즉 독립을 최종 목표로 삼았다. 네루는 사회주의자이지만 유혈 혁명과 같은 급격한 변화를 추구하지 않고 점진적인 사회 개혁을 바라는 페이비안 사회주의를 신봉하였다. 이러한 역사관은 마르크스(Karl Marx)로부터 큰 영향을 받았기 때문이다. 그는 마르크스가 해석한 자본주의는 계급 관계를 고착화시키고 자본가 계급이 임금 노동자를 지배한다는 사실과 그로 인해 불평등이 심화되어 사회가 불안정하게 되고 급기야 산업화에 성공한 민족국가가 제국주의로 나서면서 국제 전쟁이 발발할 수밖에 없다는 역사 인식을 적극적으로 동의하였다. 그는 역사에서 종교가 취한 역할이 매우 중요하다고 생각했는데 특히 인도의 종교 관용주의를 매우 높이 평가했다. 이러한 맥락에서 네루는 힌두 근본주의자들을 매우 강경하게 비판하는 입장을 취했으며 그러한 태도는 초대 수상을 역임하면서 선거를 총 지휘할 때도 여전하였으니, 선거에 몇 석을 잃더라도 결코 민족의용단(Rashtriya Swayamsevak Sangh)에 대한 활동 금지를 해제하지 않겠노라고 주장하였다. 그는 높은 물질과 정신의 세계에 기반을 둔 계급을 초월한 이상 사회를 도달해야 할 목표 사회라 했는데, 그곳은 정신적 가치가 고양되고 이기심이 없으며 선의와 사랑으로 충만한 곳이라고 하였다. 그런 점에서 네루는 인도인의 민족성을 종교와 거리가 먼 세속적인 가치에서 찾았다. 그는 통합이 인도인의 민족 정서를 대변하는 것이고, 다원주의야말로 인도 문명의 바탕이라고 주장했다. 그는 이러한 전형을 무갈조의 아크바르(Akbar)에서 찾았다. 네루는 아크바르를 공통의 통합된 민족정신을 전개시키려 노력한 사람이었고, 그 기반으로 통합의 종교와 세속적 정치를 들었다. 따라서 네루는 1920년대 이후 서서히 세를 불리기 시작한 힌두뜨와(Hindutva 힌두性) 세력은 진정한 인도 민족성을 대변하지 못하는 것으로 간주하였다. 네루의 인도 민족은 힌두뜨와가 주장하듯 그런 협량한 것이 아니라고 했다. 하지만 네루의 의도와는 달리 인도 사회는 통합되지 못하고, 힌두와 무슬림, 카스트 힌두와 불가촉천민, 상층 카스트와 후진 카스트 사이의 갈등은 갈수록 첨예하게 전개되었다. 마찬가지로 독립 후 네루의 민족주의는 세속적이고 근대적인 국가 건설로 구체화 되는 듯 했으나 그가 죽은 후 20여 년이 지나면서부터 인도의 민족성은 그 힌두뜨와의 협량한 민족주의가 민족주의의 주류가 되었다. 21세기에는 네루의 통합 민족주의는 아무런 영향력을 끼치지 못하는 상태로 전락하고 말았다. 네루가 민족주의와 세속주의 그리고 사회주의와 산업주의를 꿰뚫는 역사 인식을 가진 것은 결국 모순일 수밖에 없었고, 인도가 독립 후 여러 가지 점에서 실패한 나라로 전락한 것은 그의 이러한 모순적 역사관 위에서 첫 정부가 국가 건설을 하였기 때문일 것이다.

    네루는 역사에서 진보에 대한 믿음을 가진 정치인이었는데 그 진보를 산업화로 해석하였다. 그 때문에 분명한 제국주의 영국을 제대로 파악하지 못하고 영국을 진보적인 국가로 동경하는 태도를 취했다. 그는 영국이 인도를 정복했을 때, 영국은 둘이었다고 평가했다. 하나는 '셰익스피어와 밀턴의 영국으로 점잖은 연설과 글 그리고 용기 있는 행위, 정치 혁명과 자유를 향한 투쟁, 과학과 기술의 진보의 나라'였고, 또 하나는 '야만적인 형법과 잔인한 행동의 영국, 봉건과 보수 반동으로 둘러싸인 나라'였다. '이 두 영국 가운데 어느 것이 인도로 들어왔는가?'라고 네루는 묻는다. 그런데 사실 그 둘은 섞여 하나의 실체를 이루기 때문에 어느 하나를 다른 하나로부터 분리시킬 수는 없다. '그렇지만 그들이 행한 모든 주요 행위를 보면, 인도에서 한 쪽은 이끌어 가는 역할을 하면서 다른 쪽을 지배하였는데, 그 때 나쁜 영국이 인도

에서 그런 역할을 하였고 인도와 만나는 과정에서 나쁜 인도를 부추긴 것은 피할 수 없는 일이었다.'

4.
　역사란 과거에 일어난 일 그 자체를 가리키는 말이기도 하면서 그것을 기록하는 일을 가리키기도 한다. 그리고 사람들마다 세계를 보는 눈을 따로 갖고 있다. 그래서 사람들마다 과거를 달리 해석하고, 달리 기록한다. 결국 역사란 보는 사람에 따라 달리 있는 것이지 하나의 교본 같은 역사가 있는 것은 아니다. 그래서 역사를 제대로 배우고 그 맛을 즐기는 것은 서로 다른 시각을 가진 사람들이 쓰는 다양한 역사를 접해보는 것으로부터 출발하는 것이 바람직하다.
　누구나 시를 쓰고, 누구나 사진을 찍을 수 있듯이, 누구나 역사를 쓸 수 있다. 물론 자료를 모으고, 검증하고, 그것을 해석하여 나름의 논리 구조로 꿰맞추는 훈련을 하는 역사학을 공부한 사람이면 더 멋진 역사를 쓸 수 있겠지만, 그러한 훈련을 체계적으로 하지 않은 사람이라고 해서 그런 역사를 쓸 수 없는 것은 아니다. 역사를 쓰는 사람이 세계를 해석하는 눈을 분명하게 가지고 있고, 역사의 처음과 끝을 관통하는 일관성과 논리적 완성도를 갖추고 있기만 하면 그 역사는 얼마든지 훌륭한 역사가 될 수 있고 또 그렇게 인정을 받기도 한다.
　네루가 쓴 『세계사 편력』을 한국의 시민 특히 청소년들이 꼭 읽어보면 좋을 이유는 바로 여기에 있다. 『세계사 편력』은 인도의 독립 운동을 이끌던 네루가 감옥에서 하나 뿐인 딸에게 보낸 편지들을 책으로 묶은 것이다. 네루는 비록 조국을 위해 일을 하였다지만 너무 자주 감옥살이를 하여 아버지 노릇을 제대로 하지 못한 죄책감이 들었고 그렇다고 딸의 교육을 소홀히 할 수도 없고 해서 고심 끝에 딸에게 가장 필요한 것이 세계의 역사를 바라보는 눈이라고 생각하여 그것을 키워주고자 세계의 역사를 하나씩 하나씩 편지로 써서 보낸 것이다. 멀리 감옥에서 딸을 교육시키고자 보낸 편지이다 보니 논리는 정연하고, 문체는 간결하며, 어조는 단호하다. 무엇보다도 이제 막 청소년기에 접어든 13살 난 딸에게 꼭 필요한 내용을 빠짐없이 담으려는 아버지의 사랑이 따뜻하게 배어 있다. 그래서 청소년들이 이 책을 읽다 보면 역사라는 것이 이렇게 쉽고, 재미있고, 따뜻한 것이구나 라는 생각을 하게 된다.

그런데 안타까운 사실은 비록 식민 지배 아래 있었지만 나름대로의 자기 성찰의 시간을 가질 수 있었던 네루의 딸 인디라와는 달리 대학 입시와 취업 입시라는 괴물을 피해갈 수 없는 한국의 청소년들이 이 방대한 원저를 천천히 음미하면서 읽기가 어렵다는 것이다. 암기하는 역사를 통해 지식을 쌓는 것보다, 통찰하는 역사를 통해 지혜를 찾는 것이 역사를 익히고, 역사를 쓰며, 역사를 살아가는 바른 삶이라는 것을 우리 시민, 특히 청소년들이 깨닫기에는 이 책 만한 게 없는데, 과연 이 책이 그런 방식으로 소용이 있을까를 생각해보면 고민이 드는 게 사실이다. 한국이라는 국가, 우리라는 민족 속에 꽉 갇혀 있는, 그것도 남과 북이 분단된 암울한 현실에 꽉 막혀 있는, 그것도 경쟁과 승리 그리고 돈의 이데올로기에 휩싸여 질식당할 듯 하루하루를 살아가는 한국의 청소년들이 이 책을 통해 따뜻하고, 파릇파릇한 세계에 대한 통찰력과 터질 듯한 야망을 살려낼 수 있다면 얼마나 좋겠는가?

네루의 『세계사 편력』이 한때 한국에서 반독재 민주화 운동을 하던 대학생 청년들의 필독서가 된 적이 있었다. 그 때는 유신과 5공 독재 시절이었는데, 당시 권력을 쥔 사람들이 큰 영웅이나 정부의 역사가 아닌 무시당하는 민중들의 역사, 생산 관계를 중심으로 해서 분석하는 유물론적 역사를 '빨갱이' 역사라 하여 읽지 못하도록 금했는데 당시 그 권력층이 네루의 『세계사 편력』에 대해서는 잘 알지 못해 이 책을 금하지 못했다. 『세계사 편력』은 당연히 민중들의 역사와 유물론적 시각으로 쓰인 역사라서 독재 정부에 비판적인 많은 학생들이 이 책을 널리 읽고 역사의 법칙과 그를 바탕으로 하는 진보의 희망을 익혔다. 그런데도 정부 권력자들이 『세계사 편력』을 금서로 지정하지 않은 것은 이 책이 아버지가 딸에게 보낸 편지를 기반으로 하여 만들어졌다는 따뜻한 이야기가 저변에 깔려 있고, 어느 곳에서도 계급투쟁을 부르짖는 과격한 언사가 없었기 때문이다. 그렇지만 이 책은 따뜻하고 쉬우면서, 핍박받은 민중들을 중심으로 기술한 역사책이다.

네루의 『세계사 편력』이 한국의 청소년들에게 다른 그 어떤 역사책보다 더 가치가 있는 것은 아래의 두 가지 이유에서다. 우선 이 책은 유럽과 중국을 중심으로 하여 이해하는 세계사와는 거리가 멀다. 세계사를 강대 문명 중심으로 보는 것을 거부하여 아시아, 아프리카, 남아메리카 등이 필요한 만큼의 비중을 주면서 세계사를 기술했다. 그 결과 여러 분들은 아프가니스탄, 캄보디아, 인도네시아, 멕시코, 남아프리카 등 한국의 유럽과 중국에 쏠려 있는 세계사 학습을 통해서는 쉽게 얻을 수 없는 균형 잡힌 역사를 배울 수 있게 된다. 다음으로 주목할 만 한 점은 이 책이 갖는 소통으로서의 역사 서술 방법이다.『세계사 편력』은 어린 딸에게 보내는 편지를 묶은 것이기 때문에 다른 전문 역사서에 비해 글의 스타일은 물론이고 논리 구조나 기술 양식 등이 대화를 나누듯, 강의를 하듯 한다. 논문이나 교과서에서 보여주는 빈틈없는 논리적 전개보다는 사석에서 편하고 자유롭게 이야기 나누듯 역사의 의미를 분석하고 들려주는 것이 청소년들에게 매우 생생하게 접할 수 있게 해 준다. 특히 실천하는 지식인으로서 역사가 삶에 어떤 의미를 갖는지에 대해 곳곳에서 통찰하고, 그것을 자신의 딸과 소통하는 역사로 삼은 사실은 역사를 책 안에서 죽은 것이 아닌 삶과 현장에서 살아 있는 것으로 이해하게 해 줄 수 있을 것이다.

우리는 무엇을 선택할 수 있는가

초판 1쇄 2015년 2월 10일

지은이   김용규 외
엮은이   KBS 고전아카데미 기획위원

펴낸이   서정원
펴낸곳   도서출판 전망
주소   600-013 부산 중구 중앙동 3가 12-1 다촌빌딩 201호
전화   051. 466. 2006
팩스   051. 441. 4445
E-mail w441@chol.com
출판등록 제카1-166

값 10,000원
ISBN 978-89-7973-387-7

「이 도서의 국립중앙도서관 출판예정도서목록(CIP)은 서지정보유통지원시스템 홈페이지(http://seoji.nl.go.kr)와 국가자료공동목록시스템(http://www.nl.go.kr/kolisnet)에서 이용하실 수 있습니다.(CIP제어번호: CIP2015002715)」